I0152335

HISTORIQUE
○ DE LA ○
GUERRE

LÉGAL
16

8° L⁴ h
2728

Fascicule nº

PAR

Ferdinand BAUDOUIN

Ancien Officier de Réserve
Juge de paix à Ruffec, Maire de Couture-d'Argenson (2-Sèvres)
Officier de l'Instruction Publique

HISTORIQUE

DE

LA GUERRE

PAR

Ferdinand BAUDOUIN

Ancien Officier de réserve,
Juge de Paix à Ruffec, Maire de Couture-d'Argenson,
Officier de l'Instruction Publique.

VINGT-ET-UNIÈME PARTIE

L'armée anglaise s'empare de Neuve-Chapelle.
Violents combats au Four-de-Paris et à Bolante.
Nouveaux progrès en Champagne.
Les Anglais occupent le village de l'Epinette.
Progrès russes dans les Carpathes.
Bombardement d'Ypres par les Allemands.
Les avant-gardes françaises occupent Emberménil.
Les Anglais perdent puis reprennent Saint-Eloi.
Avance française à Notre-Dame-de-Lorette.
Une escadrille anglaise coule le croiseur allemand « Dresden ».
Notre progression en Champagne.
Echec allemand à Carnoy.
Bombardement de Calais par un zeppelin.
Violents combats aux Eparges.
Deux zeppelins jettent des bombes sur Paris et la banlieue.

NIORT

IMPRIMERIE TH. MARTIN

Rue Saint-Symphorien

1915

HISTORIQUE DE LA GUERRE

10 MARS 1915

L'armée anglaise s'empare de Neuve-Chapelle. Violents combats au Four-de-Paris et à Bolante.

Situation des armées sur le front occidental

Les combats d'infanterie ne se sont pas renouvelés en Belgique pendant la journée d'hier, il n'est signalé qu'un violent bombardement de Nieuport par l'artillerie lourde allemande.

L'armée anglaise s'est signalée par un brillant fait d'armes, elle s'est emparée de la localité de Neuve-Chapelle au delà de la route d'Estaires à La Bassée, elle a même progressé au nord-est et au sud-est de ce village. Cette attaque était appuyée par notre artillerie lourde et les Allemands ont éprouvé des pertes considérables. Le résultat acquis est très beau, tant au point de vue des progrès réalisés par l'armée anglaise qu'à l'effet moral qu'un échec aussi important devra produire sur les Allemands.

Les lignes de défense de l'ennemi ne sont donc pas, sur certains points, aussi inviolables qu'on pourrait le supposer, puisqu'une armée bien entraînée et fortement appuyée par de l'artillerie peut les franchir sans éprouver de trop grosses pertes. La bataille de Neuve-Chapelle nous en donne la meilleure preuve. Le plus difficile est de conserver le terrain conquis quand on a devant soi un adversaire disposé à tous les sacrifices pour ne pas se laisser entamer.

La Champagne est toujours le théâtre de violents combats, chacune de nos avances dans cette région est suivie d'une et même de plusieurs contre-attaques allemandes. Il se livre donc dans la région Souain-Beauséjour une bataille non interrompue qui dure depuis plusieurs jours. Nous progressons toujours un peu et il en sera ainsi jusqu'à ce que nous nous soyons emparés de toutes les forteresses ennemies qui sont la clef de sa ligne de défense en Champagne.

En Argonne, entre le Four-de-Paris et le bois Bolante, une bataille est engagée avec des alternatives d'avance et de recul qui prouvent l'âpreté de la lutte. Aux dernières nouvelles l'ennemi contre-attaquait pour la deuxième fois dans la même journée.

F. B.

Nouvelles diverses publiées par les journaux

— Un télégramme de l'amirauté anglaise annonce que le sous-marin allemand *U-12* a été coulé par le torpilleur anglais *Ariel*. L'équipage a été fait prisonnier.

— Le chalutier français *Gris-Nez* de Boulogne, a été coulé hier, 9 mars, à hauteur de Beach-Héad par un sous-marin allemand.

— Dans la journée du 9 mars, 3 vapeurs anglais ont été coulés par des sous-marins allemands. Le *Tangistan* au large de Scarborough; le *Blackword* au large d'Hastings; le *Princess-Victoria* au large de Liverpool.

Un autre vapeur anglais, le *Mac Hare* n'a réussi à s'échapper qu'en fuyant à toute vitesse.

— Un avion allemand a survolé Lunéville hier, il a jeté une bombe sur l'usine des wagons. Il a été chassé par le feu nourri de notre artillerie.

— Le second contingent des troupes canadiennes est arrivé en Angleterre.

— Les autorités du port suédois de Trelleborg, ont confisqué une importante cargaison de baïonnettes à destination d'Allemagne.

— Le gouvernement italien ayant appelé sous les drapeaux certaines classes de réservistes, le ministre de la guerre français a décidé de rendre leur liberté aux volontaires italiens du 4ᵉ régiment étranger. Ce régiment a été ramené au dépôt d'Avignon, afin de faciliter le licenciement des volontaires.

— On apprend que la ville de Lille a été frappée par les Allemands de plusieurs contributions de guerre dont le montant s'élève à 15 millions, 7 millions avaient été versés en fin décembre.

En Russie. — Les Allemands continuent à bombarder la forteresse d'Ossowicz. Sur tout le front de la rive droite de la Narew on signale une violente lutte d'artillerie. Dans la région de Prasnysch, les Allemands ont commencé à mettre en mouvement des effectifs importants. L'armée russe progresse dans la région de la Pilitza, sur la rive gauche de la Vistule. Aucune modification n'est signalée en Galicie.

On annonce de Pétrograd que le général Radkodimitrieff sera prochainement nommé feld maréchal.

En Turquie. — Le bombardement des Dardanelles continue et on annonce d'Athènes que le fort Maïtos, sur la rive européenne, a été détruit.

En Bulgarie. — Tous les officiers appartenant au cadre de réserve ont reçu l'ordre de rejoindre immédiatement leur régiment pour une période d'instruction.

Documents historiques, récits et anecdotes

LES AVANCES DE LA FRANCE AUX PAYS ALLIÉS OU AMIS. — Le ministre des Finances a déposé sur le bureau de la Chambre un projet de loi relatif aux avances faites ou à faire par la France aux pays alliés ou amis. Ce projet tend à porter à un milliard trois cent cinquante millions le montant de ces avances.

Au cours des conférences qui ont eu lieu à Paris, entre les ministres des finances de la France, de l'Angleterre et de la Russie, il a été convenu que ces avances seraient par portions égales à la charge des trois puissances.

Le montant des avances déjà consenties s'élève à 455 millions et demi, à savoir: Belgique, 250 millions; Serbie, 185 millions; Grèce, 20 millions; Monténégro un demi million.

Ces avances remontent à plusieurs mois déjà, et les décrets qui les ont accordées ont été ratifiés par le Parlement. Le montant des avances restant à faire s'élève par conséquent à 895 millions.

Sur cette somme, de nouvelles avances doivent être faites à la Belgique et à la Serbie.

D'autre part, la Russie, se trouvant momentanément entravée dans son commerce d'exportation, éprouve des difficultés à payer les commandes faites par elle en France et en Angleterre et à assurer le service des intérêts de ses emprunts.

Le gouvernement français et le gouvernement anglais se sont mis d'accord pour lui faire les avances de fonds nécessaires. Il a été entendu que le prix des blés et des autres denrées achetés ou à acheter en Russie pour le compte du gouvernement français et par les soins du gouvernement impérial serait imputé, à due concurrence, sur le montant des avances du gouvernement français.

C'est donc à ces trois nations seulement, Belgique, Serbie et Russie, que s'applique la somme de 895 millions d'avances nouvelles que prévoit le projet de loi soumis à la Chambre.

UN BRIGADIER CAPTURE 39 ALLEMANDS. — Parmi les dernières citations à l'ordre de l'armée, il en est une qui mérite une mention particulière. C'est celle qu'ont value ses hauts faits au brigadier réserviste Yvan Bunge, du 11e régiment d'artillerie:

Etant attaché comme interprète à une formation britannique, a, le 8 septembre, en traversant un bois où il se trouvait isolé, rencontré un parti de sept soldats allemands, qu'il a, par son audace et son énergie, contraints à se rendre. Après les avoir conduits à son unité, est reparti, toujours seul, à la recherche d'autres soldats allemands dont la présence lui avait été signalée dans les environs, les a faits prisonniers au nombre de trente-deux, et a ainsi réussi à assurer seul la capture de trente-neuf soldats allemands, qu'il a ramenés à son corps avec armes et bagages.

Dépêches officielles

Premier Communiqué

Au nord d'Arras, dans la région de Notre-Dame-de-Lorette, la nuit a été calme et la situation reste sans changement.

On confirme l'importance de nos progrès d'hier en Champagne; une contre-attaque allemande très violente s'est produite cette nuit sur la crête 196; elle a été vigoureusement repoussée. Nous avons gagné, en outre, un peu de terrain le long de la route de Perthes à Tahure.

Sur la croupe nord-est de Mesnil notre infanterie, après avoir enlevé l'ouvrage allemand signalé dans le dernier communiqué, a atteint au delà de cet ouvrage la crête marquée par le chemin de terre qui va de Perthes à Maisons-de-Champagne.

En Argonne, à Fontaine-Madame, nous avons démoli un blockhaus et poussé nos tranchées de quatre-vingts mètres en avant.

Entre le Four-de-Paris et Bolante, l'ennemi, contre-attaquant à seize heures, nous a enlevé les tranchées prises par nous le matin. Une nouvelle attaque nous a permis de les reprendre. L'ennemi a alors contre-attaqué pour la deuxième fois. Aux dernières nouvelles le combat continuait.

Deuxième Communiqué

En Belgique, très violent bombardement de Nieuport-Ville avec des 42 centimètres.

Entre la Lys et le canal de La Bassée, l'armée anglaise, appuyée par notre artillerie lourde, a remporté un important succès; elle a enlevé le village de Neuve-Chapelle à l'est de la route d'Estaires à La Bassée, progressé au nord-est de ce village dans la direction d'Aubers et au sud-est dans la direction du bois de Biez. Elle a fait un millier de prisonniers, dont plusieurs officiers, et pris des mitrailleuses. Les pertes allemandes sont très élevées.

En Champagne, l'ennemi a contre-attaqué violemment à diverses reprises dans la nuit du 9 au 10; il n'a pas gagné un pouce de terrain. Nous avons consolidé et élargi nos positions sur les crêtes dont nous nous sommes rendus maîtres en infligeant aux assaillants de très fortes pertes.

Sur les Hauts-de-Meuse, notre artillerie a complètement démoli un certain nombre de tranchées ennemies.

Rien à signaler sur le reste du front.

---

11 MARS 1915

Bombardement de Westende par une escadrille anglaise. — Nouveaux progrès en Champagne. — Une attaque allemande est repoussée au Reichackerkopf.

Situation des armées sur le front occidental

Le communiqué officiel d'aujourd'hui nous donne des précisions sur l'avance des troupes anglaises après leur beau succès du 10 mars sur Neuve-Chapelle, il nous fait connaître qu'après le village, elles se sont avancées dans

la direction d'Aubers jusqu'au moulin du Piètre et au sud-
est jusqu'aux lisières du bois du Riez. L'échec de l'ennemi
est important puisqu'il a abandonné un millier de prisonniers dans une lutte sur un terrain plat et découvert. Il a
réattaqué le 11 mars sans succès et ses pertes ont été considérables.

Deux autres attaques dans la région d'Ypres, à Zandwoorde, ont également échoué.

En Champagne, nous avons progressé dans un bois à
l'ouest de Perthes. Le combat a été très violent et l'ennemi
s'est défendu avec le plus grand acharnement, il a ensuite
contre-attaqué sans succès.

La lutte engagée hier en Argonne, au Four-de-Paris
paraît diminuer d'intensité, nous nous sommes maintenus
sur nos positions.

Une violente attaque allemande contre nos positions de
Reichackerkopf, dans les Vosges, a été repoussée.

En Haute-Alsace, l'effort allemand a été brisé, malgré les
renforts considérables reçus par l'ennemi; nous avons
maintenu nos positions et nous n'attendons plus qu'une
température plus clémente pour reprendre l'offensive.

Sur l'ensemble du front, une pression irrésistible des
armées alliées se fait sentir, pression à laquelle les Allemands ne pourraient résister qu'en amenant des renforts
très importants qu'il leur est impossible de prélever sur le
front oriental. On se demande combien de temps l'ennemi
résistera à notre avance forcément lente mais continue. Il
lui faudra bien un jour se décider à engager une grande
bataille, sur un point quelconque du front, bataille qui dé-
cidera du sort de la campagne sur le front occidental.

F. B.

Nouvelles diverses publiées par les journaux

— On télégraphie de New-York que le croiseur auxiliaire
allemand *Prinz-Eitel-Friedrich* est entré dans le port de

Newport-News pour réparations. Il avait à bord 350 personnes recueillies sur les navires qu'il a coulés pendant sa croisière, 4 français, 5 anglais, 1 russe et 1 américain.

— Le vapeur anglais *Ningchow* vient d'arriver à Glasgow après avoir réussi à échapper à la poursuite d'un sous-marin allemand dans la Manche.

— Le bruit court dans les cercles militaires allemands que onze sous-marins ont été perdus depuis le 18 février. On connaît officiellement la perte de quatre, mais on n'a pas eu de nouvelles des sept autres depuis trois semaines.

— Le *Lokal Anzeiger* annonce la mort du général wurtembergeois von Bendler qui avait été blessé par un obus à l'automne dernier.

— Le lieutenant aviateur anglais Shepherd qui pilotait un biplan est tombé à la mer au large d'Eastbourne. Un bâtiment s'est porté à son secours mais l'aviateur était mort.

— On annonce officiellement de Berlin qu'un zeppelin qui survola Calais le 5 mars n'a pas reparu depuis. On suppose qu'il a été détruit dans la Manche.

— On annonce la mort de M. Dieudonné Belle, doyen d'âge du Sénat, sénateur d'Indre-et-Loire, décédé à Rouziers, près de Tours, à l'âge de 91 ans.

En Russie. — L'armée allemande, concentrée en Pologne septentrionale, entreprend une vigoureuse offensive sur Varsovie. Les attaques de cette armée ont partout été repoussées. Sur le reste du front l'offensive russe continue.

En Turquie. — Le travail de relèvement des mines dans le détroit des Dardanelles se poursuit. Lorsqu'il sera terminé, toute la flotte commencera une action foudroyante contre les forts intérieurs.

Deux gros cuirassés ont pour la première fois passé la nuit du 10 au 11 mars dans les Dardanelles, protégeant et éclairant les opérations des bateaux relève-mines.

Les troupes de Smyrne ont évacué la ville et sont parties pour une destination inconnue.

En Bulgarie. — On parle très sérieusement d'une reconstitution de l'ancien bloc balkanique. Des pourparlers **sont engagés** entre les cinq puissances qui l'avaient formé.

En Italie. — Le bruit courait hier dans les **sphères** officielles que l'Autriche était décidée à consentir une **cession** de territoire à l'Italie pour obtenir sa neutralité. L'Allemagne joue sa dernière carte. Qu'en résultera-t-il?

Documents historiques, récits et anecdotes

UN RÉCIT DE LA MORT DU DÉPUTÉ CHEVILLON. — **Nous** avons eu la bonne fortune de rencontrer hier un **blessé** revenant du front, qui fut témoin de la mort du **jeune** député Frédéric Chevillon. Il nous en a fait le récit:

Une attaque étant décidée, les hommes de la tranchée **de** première ligne, après avoir assuré leur baïonnette, se **préparaient** à sauter dans la tranchée ennemie distante **de** vingt mètres. Le capitaine voulut jeter un dernier **coup** d'œil avant de donner le signal de l'assaut, mais il **fut tué.** Le lieutenant Chevillon voulut faire de même, il tomba **à** son tour. Le médecin, croyant les voir remuer, voulut **les** retirer en arrière; il fut également tué.

Fous de colère, les hommes sautèrent d'un bond dans **la** tranchée ennemie, malgré les fils barbelés (ils ne **savent** encore comment ils y arrivèrent) et tuèrent tous les **occupants.** Ce fut, du reste, un beau combat. On avança de **deux** mille mètres sur l'ennemi. Celui-ci fit venir en **automobile** des secours de Metz et reprit douze cent mètres de **tranchées,** mais les huit cents que nous avons gardés étaient **les** **plus** importants: sous bois nos hommes ont fait des **prisonniers** bavarois, qui criaient: « Kamarades, pas Pruscos! **»** **Les** ennemis venaient à l'assaut en files par quatre, **enivrés** **d'anisette** mélangée d'éther. Les servants des **mitrailleuses** **(la** mitrailleuse allemande est excessivement lourde et **est** traînée par des chevaux) étaient liés à leur pièce par **de** véritables chaînes avec cadenas; ces hommes, blessés **par** nos obus, ont été trouvés morts après une agonie qui a **dû** être terrible, à en juger par les efforts qu'ils paraissent avoir faits pour se libérer de leurs fers.

Nos blessés, a ajouté mon interlocuteur, reviennent animés d'un entrain extraordinaire; tous disent que leur blessure a bien été payée par l'avance et par l'hécatombe d'ennemis qu'ils ont faite. Les mêlées sont plus terribles au bout d'un certain temps, les fusils ne fonctionnant plus, on prend ceux des ennemis, puis on se bat à coups de crosse; enfin les pelles entrent en jeu et cassent la tête des adversaires.

« Les Allemands venant de Metz étaient bien équipés, mais semblaient manquer de cohésion, il y en avait de tous les âges. Comme on dit en marine, l'Allemagne râcle le fond de ses soutes pour charger ses fourneaux une dernière fois. »

Dépêches officielles

Premier Communiqué

L'attaque anglaise d'hier a enlevé deux mille cinq cents mètres de tranchées en avant de Neuve-Chapelle et le village lui-même, puis a progressé dans la direction d'Aubers jusqu'au moulin du Piètre et dans la direction sud-est jusqu'aux lisières nord du bois du Riez, c'est-à-dire au delà de Neuve-Chapelle. L'artillerie allemande a peu tiré.

Pour le reste du front, rien à ajouter au communiqué d'hier soir.

Deuxième Communiqué

Un brouillard épais a beaucoup gêné les opérations sur différents points du front.

En Belgique une escadrille anglaise a bombardé Westende avec succès. Dans le secteur d'Ypres nous avons repoussé deux attaques près de Zandwoorde.

Dans la région de Neuve-Chapelle l'armée anglaise a repoussé deux contre-attaques; les pertes de l'ennemi sont considérables.

En Champagne nous avons dans la soirée de mercredi réalisé des progrès sensibles dans le bois à l'ouest de Perthes où nous avions pris pied, il y a cinq jours; l'ennemi s'y est défendu avec acharnement. Malgré un très violent bombardement et plusieurs contre-attaques nous avons maintenu nos gains.

En Argonne, région du Four-de-Paris et de Bolante, nous avons au cours des combats précédemment relatés pris un lance-bombes et une mitrailleuse.

Dans les Vosges nous avons repoussé une contre-attaque au Reichackerkopf.

---

12 MARS 1915

L'armée belge progresse vers Schoorbakke. — Les Anglais occupent le village de l'Epinette.

Situation des armées sur le front occidental

Deux généraux viennent d'être blessés au cours d'une inspection des tranchées de première ligne, à 30 mètres de l'ennemi. Le général Maunoury, commandant d'armée examinait par un créneau les lignes ennemies lorsqu'une balle est venue le frapper à l'œil gauche et lui briser la mâchoire, cette même balle a atteint au front le général de Villaret qui se trouvait auprès de lui. Les blessures des généraux quoique graves ne paraissent pas devoir mettre leur vie en danger.

On annonce de Rotterdam, une grande concentration de troupes allemandes sur le front de l'Yser. On dit qu'une grande marche en avant commencera le 18 mars. En attendant, les alliés avancent partout, même en Belgique et les

Allemands éprouvent des pertes sérieuses. Deux divisions de l'armée belge ont prononcé une offensive dans la région de Nieuport, et sur différents points, notamment à Schoorbakke, elles ont progressé de 500 mètres. A Lombaertzyde un fortin allemand a été enlevé, à 100 mètres de nos tranchées de première ligne.

Plus au sud, à 3 kilomètres à l'est d'Armentières, les troupes anglaises se sont emparées du hameau de l'Epinette et à Neuve-Chapelle, après avoir refoulé deux violentes contre-attaques allemandes, elles ont progressé entre le hameau de Piètre et le moulin de Piètre, résultat, 400 prisonniers, dont 5 officiers. Les communiqués anglais nous font connaître que dans les opérations de Neuve-Chapelle les troupes indiennes se sont particulièrement distinguées.

En Champagne, nous avons encore progressé au nord-est de Mesnil et sur la route de Tahure.

Dans les Vosges, nous avons repoussé une nouvelle attaque allemande sur Reichackerkopf.

La journée du 11 et la matinée du 12 mars ont été bien employées par les troupes alliées, une certaine inquiétude règne paraît-il dans l'état-major allemand qui se voit dans l'impossibilité de résister à notre offensive.

F. B.

Nouvelles diverses publiées par les journaux

— Le Président de la République a passé la journée du 12 mars sur le front des armées, dans la région de l'Aisne.

— On apprend d'Athènes que le chef épirote Kussior vient dêtre arrêté à Athènes sous l'inculpation de complot contre la vie du roi de Grèce.

— Un sous-marin allemand a lancé une torpille contre le caboteur anglais *Hellen*, au nord-ouest de Barry. Le caboteur n'a pas été atteint et a pu s'échapper.

— Des aviateurs français ont survolé le 10 mars la plaine alsacienne du Rhin. L'escadrille s'est dispersée sous le feu violent des Allemands, mais elle est rentrée sans encombre à son centre d'aviation.

— Quatre aviateurs américains, parmi eux MM. Cortiss et Prince, viennent d'arriver au champ d'aviation de Pau. Ils ont contracté en France un engagement pour la durée de la guerre.

— On annonce d'Amsterdam qu'un dirigeable allemand s'est échoué dans un bois à Gentbrugge, près de Gand, une partie de l'équipage a pu se sauver.

— On apprend de Copenhague que tous les soldats allemands qui étaient en congé ont reçu par dépêche l'ordre de regagner immédiatement le front.

— Le général japonais Oba a déclaré qu'il croyait la paix possible dans 6 mois. Les opérations de printemps auront un caractère décisif sur les deux fronts, les Allemands seront épuisés et ne pourront pas opposer de résistance sérieuse.

En Russie. — Une formidable bataille fait rage au nord de la Pologne dans le quadrilatère formé au nord par la frontière prussienne, à l'ouest par la voie ferrée qui se dirige de Mlawa vers le Sud, au sud et à l'est par les rivières Narew et Bohr. Un million d'hommes au moins sont aux prises. Les Russes n'ont rien fait pour éviter cette bataille et c'est au contraire sur l'initiative du grand-duc Nicolas que les événements se sont précipités. La forteresse d'Ossowietz continue à résister aux attaques allemandes.

Le Kaiser vient de mettre à la retraite trois généraux qu'il considère comme responsable de la déroute allemande sur le Niémen: von Glasenapp, von Grabow et von Deohm.

En Turquie. — Le bombardement des Dardanelles a été repris ce matin par les cuirassés anglais et français, huit ou dix forts restent encore à réduire. 70 bateaux procèdent au repêchage des torpilles et des mines. L'opinion générale est que les flottes ne pourront pénétrer dans la mer de Marmara que dans une quinzaine de jours.

Le corps expéditionnaire français concentré dans l'Afrique du Nord est placé sous le commandement du général d'Amade.

Documents historiques, récits et anecdotes

LES FORCES NAVALES DE LA FRANCE. — C'est une chose intéressante de voir que la France est en mesure de détacher une escadre de cuirassés pour aider utilement aux opérations dans les Dardanelles, et cela dans une large mesure, en raison des améliorations apportées depuis quelques années dans la construction rapide de navires de guerre. Les plus récents cuirassés sortis des chantiers de Brest, de Toulon, de Lorient et des autres grands arsenaux français ont été construits en un temps moindre de moitié que leurs prédécesseurs, bien qu'ils soient plus grands et plus puissamment armés que ceux-ci. Les navires du type *Danton* ont demandé de cinq à six ans pour leur construction de 1906 à 1911-1912. Ceux du type *Jean-Bart* ont été construits en trois ans, les unités mises en chantier en 1910 ayant été terminées en 1913, et celles commencées en 1911 ayant été lancées l'été dernier.

L'importance essentielle de cette rapidité de construction est mise en valeur par l'examen du programme naval austro-hongrois. Ce mois-ci les Autrichiens devaient recevoir leur quatrième dreadnought, le *Szent-Istvan*, des chantiers du Danube à Fiume. Le premier dreadnought fut terminé en 1912 et on en a achevé un par an depuis.

Cependant, malgré les puissants efforts de construction rapide faits par les Autrichiens, la France est en mesure de faire face à leur nouvelle division de dreadnoughts dans l'Adriatique avec des forces supérieures, ce qu'elle n'aurait pas pu faire si ses programmes navals de 1910 et de 1911 n'avaient pas été exécutés avec autant de célérité.

Dépêches officielles

Premier Communiqué

En Belgique, deux divisions de l'armée belge ont progressé sur différents points de quatre cents à cinq cents mètres, notamment dans la direction de Schoorbakke (sudest de Nieuport).

Sur le reste du front, rien à ajouter au communiqué d'hier soir.

Deuxième Communiqué

A l'est de Lombaertzyde, nous avons enlevé un fortin allemand à une centaine de mètres en avant de notre ligne de tranchées.

A 3 kilomètres à l'est d'Armentières, les troupes anglaises ont occupé le hameau de l'Epinette.

Dans le secteur de Neuve-Chapelle, les progrès de l'armée britannique se sont poursuivis. Après avoir repoussé deux fortes contre-attaques, elle s'est emparée de la partie des lignes allemandes sise entre le hameau de Piètre et le moulin du même nom, en faisant environ 400 prisonniers, dont 5 officiers.

En Champagne, dans la soirée de jeudi, nous avons enlevé en avant de la croupe au nord-est de Mesnil plusieurs tranchées ennemies et fait des prisonniers, parmi lesquels des officiers.

Dans la journée de vendredi, nous avons légèrement progressé dans la même région.

Plus à l'ouest, parallèlement à la route de Tahure, nous avons occupé plusieurs tranchées allemandes.

Sur les Hauts-de-Meuse, un élément de tranchée où les Allemands avaient réussi à prendre pied hier soir a été repris par nous ce matin.

Au Reichackerkopf, nous avons repoussé une attaque de nuit et progressé de 200 mètres.

*
* *

Au cours de l'inspection d'une tranchée de première ligne, à 30 mètres de l'ennemi, le général Maunoury, commandant une de nos armées, et le général de Villaret, commandant un des corps de cette armée, ont été blessés par une balle tandis qu'ils examinaient les lignes allemandes à travers un créneau.

Les médecins n'ont pas pu encore se prononcer sur la gravité de leurs blessures.

---

13 MARS 1915

Les troupes anglaises progressent vers Aubers. — Un zeppelin est abattu par les avions alliés à Tirlemont. — Progrès russes dans les Carpathes.

Situation des armées sur le front occidental

L'armée anglaise est maintenant chargée de la défense du front entre la région d'Ypres et La Bassée, sur une longueur approximative de quarante kilomètres. Chaque jour, un communiqué officiel du général French, qui commande cette armée vient compléter le communiqué du généralissime français. En condensant ces deux communiqués pour la journée du 13 mars, nous nous apercevons que les Anglais paraissent disposés à accomplir d'excellente besogne et qu'ils ne paraissent pas vouloir accorder beaucoup de répit aux troupes du prince Rupecht de Bavière qui leur sont opposées. Dès le matin du **13 mars**, la 7e division anglaise a repris son offensive de la veille et après avoir franchi le ruisseau des Layes, qui coule parallèlement à la route de Neuve-Chapelle à Fleurbaix, elle s'est engagée dans la direction d'Aubers et a progressé jusqu'aux faubourgs de cette localité. Au sud-ouest de Piètre les troupes anglaises ont également joint et enlevé plusieurs groupes de maisons dont la défense était fortement organisée. La bataille a été très dure, les Allemands ayant reçu des renforts qui peuvent être évalués à deux divisions au moins. Le résultat obtenu a été magnifique puisque l'offensive a parfaitement réussi, les Anglais ont fait 612 prisonniers et leurs avions ont détruit les embranchements de la ligne de Douai.

Nos succès en Champagne se sont également continués et en fin de journée nous avions progressé sur les pentes nord de la croupe de Mesnil, faisant 150 prisonniers, dont 6 officiers.

Dans les Vosges, l'ennemi continue à attaquer régulièrement mais sans succès nos positions de Reichackerkopf.

Sur le reste du front, la journée a été calme, nous l'avons employée à fortifier nos positions.

F. B.

Nouvelles diverses publiées par les journaux

— Le vapeur suédois *Hanna* a été torpillé hier par un sous-marin allemand, à hauteur de Scarborough.

— Le vapeur danois *Bruxelles* qui transportait un chargement d'essence à Stockholm, a été arrêté dans la Baltique par les Allemands et confisqué.

— Le vapeur français *Auguste-Conseil* a été coulé dans la Manche, au sud de Start-Point, par un sous-marin allemand.

— Le transatlantique *Guadeloupe* a été coulé en mer le 20 février par le croiseur auxiliaire allemand *Kronprinz-Wilhem*. Les passagers et l'équipage ont été débarqués le 12 mars à Pernambouc par le vapeur anglais *Churchill* qui les avait recueillis.

— L'amirauté anglaise annonce la perte du croiseur auxiliaire *Bayano* qui a dû être coulé par une torpille ennemie.

— Plusieurs avions allemands ont survolé hier, 12 mars Poperinghe, près d'Hazebrouck. Ils ont lancé des bombes qui ont tué plusieurs soldats et des civils.

— On annonce de Belgique qu'un zeppelin, tombé à Tirlemont, a été descendu par des avions alliés, deux français et deux anglais. Sur 41 Allemands qui étaient à bord, 9 furent trouvés morts et 29 si grièvement blessés que 12 moururent le lendemain.

— On annonce de Copenhague que le vapeur *Helga* qui avait embarqué 5.000 barils d'huile à destination de Lubeck a été déchargé sur l'ordre des douaniers.

— M. Georges Bureau, député de Fécamp, a été désigné hier par le conseil des ministres, comme sous-secrétaire d'Etat à la marine marchande.

En Russie. — L'offensive allemande contre les positions russes de Prasnysch, n'est pas aussi vigoureuse qu'on aurait pu le croire. L'artillerie a ouvert un feu violent sans attaque d'infanterie. Le bombardement d'Ossowietz a diminué d'intensité.

On annonce la mort du comte Witte, ancien ministre des finances russes, ancien président du Conseil.

En Turquie. — On télégraphie de Dedeagath qu'une terrible canonnade a commencé ce matin dans les Dardanelles et le golfe de Sarros. De violentes explosions sont entendues de très loin, dans l'intérieur.

Un corps de débarquement anglais a occupé l'île de Lemmos.

L'escadre anglaise a coulé, à quatre milles de la ville de Dardanelles, un navire turc qui transportait des munitions dans les forts.

Le général Dimitrieff a été appelé à Pétrograd pour prendre le commandement du corps expéditionnaire qui va coopérer à la conquête de Constantinople.

Documents historiques, récits et anecdotes

« Nous irons a Paris, » disait le kaiser. — Il y a environ cinq semaines, le kaiser est venu à La Fère avec des officiers d'état-major, escorté de 50 cuirassiers blancs, des colosses, qui pendant trois jours ne cessèrent de l'entourer. Jamais les habitants ne surent où il couchait. Ils purent toutefois le voir d'assez près et constater qu'il avait sensiblement vieilli et qu'en dépit des efforts qu'il faisait, il paraissait plutôt triste et surtout préoccupé. Chaque jour il se rendit sur l'esplanade où une musique militaire donne quotidiennement un concert. A ce propos, les habitants ont fait cette remarque que l'autorité militaire use de la musique ainsi que d'un réconfortant.

Chaque fois que parvenait la nouvelle d'un échec (car les nouvelles filtraient et se répandaient assez facilement), on appelait la musique; il semblait que par elle on voulût faire une diversion aux préoccupations des soldats. Le troisième jour, au moment de remonter en auto pour s'éloigner définitivement, le kaiser harangua les soldats rassemblés qu'il venait de passer en revue. Il ne leur dissimula point les difficultés de la campagne dont ils avaient d'ailleurs pu se rendre compte, mais il ajouta: « Devrions-nous brûler notre dernière cartouche et mettre en ligne nos dernières réserves, nous irons à Paris. Il nous faut Paris! »

Dépêches officielles

Premier Communiqué

Dans la boucle de l'Yser, l'armée belge a consolidé et élargi les résultats obtenus par elle dans la journée de jeudi.

Les troupes britanniques ont continué à progresser. Elles ont franchi le ruisseau des Layes qui coule parallèlement à la route de Neuve-Chapelle à Fleurbaix, entre cette route et Aubers. Elles ont enlevé dans cette région plusieurs tranchées ennemies. Elles ont atteint à la fin de la journée la route dénommée rue d'Enfer, qui se dirige du nord-ouest au sud-est vers Aubers et dessert un faubourg de cette localité.

Au sud-ouest de Piètre, elles ont enlevé plusieurs groupes de maisons organisées défensivement. Le nombre total des prisonniers de la journée est d'un millier. Les Allemands ont perdu plusieurs mitrailleuses. A gauche et à droite de l'armée anglaise, les troupes françaises ont appuyé son action par un feu très vif d'artillerie, de mitrailleuses et d'infanterie.

En Champagne, nos progrès ont continué en fin de journée, sur les pentes nord de la croupe au nord-est de Mesnil. Nous avons fait cent cinquante prisonniers dont six officiers.

Dans les Vosges, au Reichackerkopf, l'ennemi, après un bombardement violent, a tenté de prononcer une attaque qui a été arrêtée net par notre feu.

Deuxième Communiqué

Après les vifs engagements des jours précédents, un calme à peu près complet des deux parts a caractérisé sur tout le front la journée d'aujourd'hui, marquée seulement par quelques actions d'artillerie.

Nous avons consolidé partout nos positions.

A la suite des déblaiements effectués aux Eparges sur le terrain gagné par nous, nous avons trouvé de nouvelles mitrailleuses allemandes, ce qui porte à quatre le nombre des mitrailleuses perdues par l'ennemi sur ce point.

Au bois Le Prêtre, nous avons enrayé net une tentative d'attaque

14 MARS 1915

Les troupes belges progressent au delà de l'Yser. — Bombardement d'Ypres par les Allemands. — Les avant-gardes françaises occupent Embermésnil (Lorraine).

Situation des armées sur le front occidental

Décidément, la petite armée belge veut se montrer à hauteur de ses alliés. L'état du terrain s'étant amélioré dans les Flandres, les mouvements de troupes deviennent maintenant sinon faciles, du moins possibles. Nous avons vu il y a quelques jours deux divisions belges s'emparer de Schoorbacke, à six kilomètres de Nieuport, cette opération s'est effectuée dans un terrain qui avait été inondé. Nous apprenons aujourd'hui que les belges ont progressé dans la boucle de l'Yser et que leur artillerie, appuyée par notre artillerie lourde a détruit un point d'appui organisé par les Allemands au cimetière de Dixmude. Les Allemands avaient cependant envoyé des renforts sur le front de l'Yser avant que se produise l'offensive belge. Comme ils ont été battus, ils se vengent en bombardant Ypres, c'est leur manière de manifester leur mécontentement.

Au nord de Reims, l'ennemi a tenté de s'emparer d'une de nos tranchées avancées en face du bois du Luxembourg, il a été repoussé. Aussitôt il a commencé à bombarder Reims.

Les combats continuent toujours en Champagne mais avec un peu moins d'âpreté que les jours précédents, les contre-attaques allemandes sont menées moins vigoureusement.

En Argonne, la lutte continue entre le Four-de-Paris et Bolante, la journée a été heureuse pour nous puisque nous avons enlevé 300 mètres de tranchées et fait des prisonniers.

Depuis quelques jours, il n'était plus question des Eparges, sur les Hauts-de-Meuse, le communiqué d'aujourd'hui nous apprend que nous avons arrêté une attaque allemande qui n'a pas pu se développer.

Nos troupes ont occupé Emberménil, en Lorraine.

Cette journée a encore été bien employée.

F. B.

Nouvelles diverses publiées par les journaux

— Le communiqué officiel de l'amirauté anglaise nous fait connaître que sept vapeurs anglais ont été torpillés par des sous-marins allemands et que deux seulement ont été coulés. Ce sont les vapeurs *Héadlands*, *Andalousian*, *Indian City*, *Hardale*, *Florazan*, *Invergyle* et *Adenwell*.

— La douane italienne a saisi, à Venise, des tonneaux de bière, envoyés d'Allemagne à destination de Tripoli.

Chaque tonneau de bière renfermait six fusils neufs sortant de la manufacture française de Saint-Etienne et 50 cartouches. La maison expéditrice était la brasserie Patzenhofer, de Berlin.

— Le major Dasgrases Paléologue, vient d'arriver de Marseille à Paris avec son ambulance et un matériel sanitaire. M. Paléologue, descendant de la famille régnante de Bysance, se propose de former un bataillon grec pour participer aux opérations contre la Turquie.

— Il se confirme que les Allemands construisent des sous-marins près d'Anvers, à Hoboten. 500 ouvriers allemands travaillent dans les ateliers de construction navale des usines Cockerill.

— Un officier du vapeur allemand *Maine* vient d'être arrêté à Flessingues (Hollande) sous l'inculpation d'espionnage.

— On annonce la mort au Havre de M. Hennion, ancien

Préfet de Police, à Paris, délégué du Gouvernement français auprès du Gouvernement belge, au Havre.

En Russie. — Dans la région de Swalki, les Allemands tout en se retirant de Simno et d'Augustowo, ont tenté de prendre l'offensive contre Seiny, où se livre en ce moment une bataille. Sur la rive droite de la Narew et vers Pranysch, le duel d'artillerie continue.

En Galicie orientale, les cosaques du Don ont exterminé à Nezwiska, 3 escadrons de hu sards prussiens, les survivants, 10 officiers et 25 hommes ont été faits prisonniers.

Le général Pau, après avoir visité Lemberg est arrivé à Varsovie, où il passera quelques jours.

En Turquie. — La flotte anglo-française a exécuté dans les Dardanelles un bombardement de nuit.

Un hydroplane anglais a survolé Gallipoli.

Les troupes turques accourues sur la côte de Komkalé pour s'opposer au débarquement des alliés ont été canonnées et dispersées par les cuirassés français.

On annonce que les fonctionnaires turcs de Bagdad ont pillé le reliquaire de Kerbela, considéré comme sacré par les musulmans des Indes et pris pour 50 millions de pierres précieuses.

En Italie. — On annonce que l'empereur d'Autriche a consenti à ce que des négociations puissent être ouvertes avec le gouvernement italien sur la base de cessions territoriales.

Documents historiques, récits et anecdotes

La russie avait souscrit a la coopération grecque. — Bien que la crise hellénique paraisse — au moins temporairement — liquidée, il convient de revenir sur certains points demeurés obscurs. Les indications précises, que nous avons recueillies nous permettront de dissiper cette obscurité.

Le jeudi soir 4 mars, M. Venizelos considérait à peu près comme assuré le succès du programme qu'il avait élaboré.

Il avisait les chancelleries de la Triple Entente qu'il pourrait mettre à leur disposition, pour l'entreprise des Dardanelles, environ 9.000 hommes. C'était peu de chose en soi: c'était pourtant une affirmation politique plus encore que militaire. Le premier ministre grec était, à ce moment, convaincu d'obtenir l'appui de tous ses collègues du cabinet, et aussi celui de la plupart des anciens présidents du Conseil: seul, M. Theotokis semblait hostile à l'intervention. L'état-major grec, par contre, formulait de objections très nettes en évoquant la menace bulgare. M. Venizelos ne croyait pas personnellement à ce péril. Il estima que la Bulgarie imiterait plutôt l'exemple de la Grèce et marcherait contre la Turquie. Son plan personnel ne comportait, en tout état de cause, que le déplacement de 9.000 hommes qui seraient remplacés aussitôt par 9.000 réservistes.

Les cabinets de Paris et de Londres exprimèrent au cabinet de Petrograd leur désir de le voir approuver la politique préconisée par M. Venizelos, c'est-à-dire la coopération hellénique.

Dans l'intervalle du jeudi au samedi on était informé que la Bulgarie se préoccupait vivement de l'attitude de la Grèce. Elle se demandait si l'heure n'était pas venue, pour elle aussi, d'opérer contre la Turquie, et la constitution d'un grand cabinet de concentration nationale fut envisagée à Sofia. L'on y était d'autant plus porté à sortir de la neutralité, et à rompre avec la Turquie, qu'Enver pacha avait rappelé toutes les troupes disponibles d'Andrinople, pour les rassembler du côté de la presqu'île de Gallipoli. Selon toute apparence, la Bulgarie serait entrée en campagne, mais comme auxiliaire de la Triple Entente, si le programme de M. Venizelos avait prévalu.

Or, le dimanche, l'on apprenait à Paris et à Londres que M. Venizelos avait démissionné. *L'on recevait en même temps l'adhésion formelle de M. Sasonof à l'accord projeté entre les grandes puissances alliées et la Grèce.*

La Bulgarie, depuis ce moment, s'est cantonnée dans

l'expectative. Mais elle sait que la Triple-Entente ne **fera** aucune opposition à une offensive qu'elle prendrait éventuellement en Thrace et qui la porterait jusqu'à la ligne Enos-Midia. Il semble d'ailleurs que ses velléités n'aient **pas** laissé la Turquie indifférente, car la Porte a renvoyé à Tchataldja et en avant, vers Andrinople, une partie **des** 140.000 hommes dont elle dispose — au maximum — **dans** ses districts d'Europe. La Bulgarie n'aurait, en tout cas, **en face** d'elle, que des forces très numériquement inférieures aux siennes.

Dépêches officielles

Premier Communiqué

Les troupes belges ont continué à progresser dans **la** boucle de l'Yser. Leur artillerie, appuyée par notre **artillerie lourde**, a détruit le point d'appui organisé par les Allemands au cimetière de Dixmude.

L'ennemi a bombardé Ypres; il y a eu plusieurs victimes dans la population civile.

L'artillerie allemande a également bombardé la cathédrale de Soissons et le quartier environnant.

Au nord de Reims, en face du bois du Luxembourg, l'ennemi a tenté de s'emparer d'une de nos tranchées avancées. Il a été repoussé; Reims a alors été bombardé.

En Champagne, nous avons, à la fin de la journée du 13, repoussé deux contre-attaques et enlevé, en poursuivant l'ennemi, plusieurs de ses tranchées. Dans l'une d'elles, nous avons trouvé environ une centaine de morts et du matériel.

En Argonne, au Four-de-Paris, une attaque a tenté **de** déboucher contre nos lignes, elle a été arrêtée net.

En Lorraine, nos patrouilles ont occupé Emberménil.

Dans les Vosges, action d'artillerie.

Deuxième Communiqué

Une escadrille anglaise a bombardé Westende et obtenu des résultats.

Le succès remporté par les armées britanniques à Neuve-Chapelle s'affirme comme ayant été tout à fait complet. Elles se sont avancées sur un front d'environ trois kilomètres et sur une profondeur de douze cents à quinze cents mètres, enlevant successivement trois lignes de tranchées et un fort ouvrage au sud de Neuve-Chapelle; les contre-attaques exécutées par les Allemands avec une grande violence ont toutes été repoussées. L'ennemi a subi des pertes considérables et a laissé aux mains de nos alliés un nombre de prisonniers sensiblement plus élevé que celui qui avait été tout d'abord annoncé. L'artillerie britannique, artillerie de campagne et artillerie lourde, a très efficacement préparé et soutenu l'action vigoureuse de l'infanterie.

En Champagne, nous avons consolidé notre nouveau front par des progressions en divers points et assuré notre installation sur les lignes de crêtes enlevées à l'ennemi.

En Argonne, entre le Four-de-Paris et Bolante, nous nous sommes rendus maîtres de trois cents mètres de tranchées en faisant des prisonniers, dont plusieurs officiers. L'ennemi a contre-attaqué deux fois dans la journée et a été complètement repoussé.

Sur les Hauts-de-Meuse, aux Eparges, les Allemands ont tenté une attaque qui a été arrêtée net par notre feu.

Il en a été de même au Chamois, au nord de Badonviller.

15 MARS 1915

Les Anglais perdent puis reprennent Saint-Eloi. — Avance française à Notre-Dame-de-Lorette. — Prise de la partie ouest de Vauquois. — Le croiseur allemand « Dresden » est coulé par une escadre anglaise.

Situation des armées sur le front occidental

L'offensive des armées alliées sur l'ensemble du front cause un véritable désarroi dans le commandement allemand. L'avance des Belges dans la boucle de l'Yser, l'attaque soudaine des Anglais à Neuve-Chapelle et nos progrès en Champagne sont autant de défaites pour l'ennemi, défaites d'autant plus sensibles qu'il se croyait en sûreté derrière ses retranchements. A Neuve-Chapelle, c'est une véritable déroute allemande qui s'est effectuée sous le feu de l'artillerie française et sous la poussée des troupes anglaises. L'ennemi a laissé plus de 10.000 morts sur le terrain et les survivants se sont enfuis sans armes, sans casques et couverts de boue, ils sont arrivés à Bruges dans cet état. Des troupes ont été appelées en toute hâte des garnisons de Belgique pour enrayer l'avance anglaise.

Le 11 mars au soir, l'état-major allemand a tenu un conseil dans un hameau, le grand état-major a quitté Lille pour s'installer à Courtrai, à 10 kilomètres de la frontière.

Les journées du 14 et du 15 mars ont été marquées par de nombreuses actions toutes favorables aux troupes alliées.

En Belgique, notre artillerie a bombardé les retranchements ennemis dans la région de Lombaertzyde, l'armée belge a continué à progresser au sud de Dixmude et l'armée anglaise a repris le village de Saint-Eloi, qu'elle avait été **obligée d'évacuer.**

Au nord d'Arras, à Notre-Dame-de-Lorette nous avons fait un bond en avant et enlevé trois lignes de tranchées. Dans la région Ecurie-Roclincourt, nous avons fait sauter des tranchées allemandes et empêché l'ennemi de les réoccuper. Vers Albert nous avons résisté à une attaque allemande. En Champagne, nous avons réalisé de nouveaux progrès au nord de Souain et de Perthes.

En Argonne, l'ennemi a montré une très grande activité mais sans aucun succès.

Nous nous sommes emparés de la partie de Vauquois encore occupée par les Allemands et nous avons fait de nombreux prisonniers.

F. B.

Nouvelles diverses publiées par les journaux

— Un télégramme de l'amirauté anglaise annonce que le 14 mars, les navires de guerre britanniques *Keni-Omrah* et *Glasgow* ont surpris et coulé le croiseur allemand *Dresden,* près de l'île Juan-Fernandez. Le combat a duré cinq minutes.

— Le bruit court que le maréchal Von d . Goltz aurait été assassiné, il a disparu subitement de   ayrne, où il devait résider deux mois. Cette nouvelle publiée par l'agence Fournier doit être accueillie sous toutes réserves.

— Les torpilleurs de la flottille de Cherbourg ont recueilli en mer le vapeur anglais *Abeniven* qui faisait eau de toute part et qui était complètement abandonné, ils l'ont remorqué à Cherbourg.

— On annonce de Copenhague qu'une barque de pêcheurs a trouvé dans la mer du Nord les débris d'un hydravion allemand naufragé.

— Au nombre des forçats qui vont être transférés à la Guyane se trouve le lieutenant de cuirassiers de la garde impériale allemande Dellof von Schierstaedt condamné à 5 ans de prison par le conseil de guerre de la 9e armée comme instigateur de pillage en bande sur le territoire français.

En Russie. — Sur tout le front de la région de Prasnysz, depuis la ligne du chemin de fer, à Mlawa, jusqu'à la rivière Orjitz, les troupes russes progressent en combattant. Le mouvement de von Hindenburg engagé la semaine dernière a donné des résultats contraires à ceux qu'il espérait.

L'artillerie de la forteresse d'Ossowietz a démonté plusieurs grosses pièces allemandes.

En Galicie orientale, les troupes russes ont refoulé les Autrichiens vers le nord d'Obertyn.

En Turquie. — Les forts de Gallipoli sont complètement détruits. Le bombardement continue.

Le Kaiser a donné l'ordre aux commandants du *Gœben* et du *Breslau* de ne rendre leurs navires en aucun cas, de les faire sauter.

L'armée turque paraît complètement désorganisée. Le général Bock, qui commandait au Caucase a été arrêté, il est paraît-il blessé. Les banques allemandes ont fait transporter 32 caisses d'or de Constantinople à Berlin.

En Bulgarie. — Le Gouvernement turc a proposé à la Bulgarie de lui laisser occuper le territoire turc jusqu'à la ligne Enos-Midia, sous la condition qu'elle occupe en même temps la Macédoine. La Bulgarie n'a pas accepté cette proposition et le roi Ferdinand a refusé de recevoir Halibey, envoyé du Sultan.

Documents historiques, récits et anecdotes

AU FOND D'UNE SAPE PRÈS DE LA FERME D'ALGER. — Une lutte souterraine se poursuit depuis plusieurs mois autour de la ferme d'Alger, est de Reims. Sapes et contre-sapes progressent de part et d'autre, jusqu'au moment où le feu est mis aux fourneaux de mines. L'avantage appartient à celui dont l'initiative est la plus rapide.

Nos sapeurs viennent de donner, dans une opération récente, une preuve nouvelle de leur sang-froid, de leur habileté technique et de leur bravoure.

Les écouteurs placés dans un rameau de sape, ayant rendu compte de la proximité d'une galerie ennemie, un fourneau de mine fut installé et un puits fut creusé, afin d'approfondir la chambre de mine. Les travaux allemands paraissant exécutés sur un plan inférieur à celui de notre galerie, le sapeur chargé de forer le puits, rencontra soudain le vide. Il était parvenu dans la sape ennemie.

Toutes les lumières furent aussitôt éteintes et l'on apporta le matériel nécessaire au chargement du fourneau. Deux officiers du génie et deux sapeurs armés de revolvers s'avancèrent dans la galerie ennemie. Ayant constaté par des chuchotements entendus à faible distance que cette galerie était occupée, ils regagnèrent le puits. Celui-ci fut fermé avec des planches et le chargement de mine commença aussitôt. L'opération fut très pénible.

Pour ne pas attirer l'attention de l'ennemi, les ventilateurs ne furent pas actionnés faute d'oxygène, les bougies s'éteignaient fréquemment. Les Allemands, cependant, furent mis en éveil et on les entendit bientôt frapper à coups de pioches et de pics le plancher du puits, mais nos sapeurs les gagnèrent de vitesse. Avant que l'adversaire eût rien pu entreprendre, le fourneau, chargé de 650 kilos de cheddite, explosait, détruisant la galerie ennemie et asphyxiant les Allemands qui y travaillaient.

Dépêches officielles

Premier Communiqué

L'armée belge a continué à progresser dans la boucle de l'Yser et au sud de Dixmude.

Les troupes britanniques, très violemment attaquées dans la soirée d'hier, à Saint-Eloi (sud d'Ypres), se sont d'abord légèrement repliées, puis ont contre-attaqué et repris une partie du terrain cédé; le combat continue.

Dans la région de Neuve-Chapelle, pas de modification.

En Argonne, l'ennemi a tenté à la fin de l'après-midi du 14 une troisième et très violente contre-attaque pour reprendre les tranchées conquises par nous entre le Four-de-Paris et Bolante; comme les précédentes, cette contre-attaque a été repoussée.

Deuxième Communiqué

La journée a été marquée par de nombreuses actions favorables pour nous.

Dans la région de Lombaertzyde, notre artillerie a très efficacement bombardé les ouvrages ennemis. Les Allemands ont essayé de reprendre le fortin que nous leur avons enlevé dans la nuit du 11 au 12; ils ont été repoussés, laissant une cinquantaine de morts sur le terrain; nos pertes sont insignifiantes.

Au sud d'Ypres, l'armée britannique, que l'attaque allemande d'hier avait obligé à se replier au delà de Sain-Eloi, a repris le village et la presque totalité des tranchées voisines, malgré plusieurs contre-attaques de l'ennemi.

Au nord d'Arras, une attaque très brillante de notre infanterie nous a permis d'enlever d'un seul bond trois lignes de tranchées sur l'éperon de Notre-Dame-de-Lorette et d'atteindre le rebord du plateau. Nous avons fait une centaine de prisonniers, parmi lesquels plusieurs officiers et sous-officiers, détruit deux mitrailleuses et fait exploser un dépôt de munitions.

Plus au sud, dans la région d'Ecurie-Roclincourt, près de la route de Lille, nous avons fait sauter plusieurs tranchées allemandes et empêché l'ennemi de les reconstruire.

Dans la région d'Albert, près de Carnoy, les Allemands ont fait sauter une mine sous une de nos tranchées et ont occupé l'entonnoir; nous les en avons chassés, ils s'y sont réinstallés, mais une nouvelle contre-attaque nous a permis de reconquérir la position. Nous nous y sommes maintenus depuis lors et nous avons réussi à remettre en état toute notre organisation défensive.

Dans la vallée de l'Aisne, près de Vassens, nord-ouest de Nouvron, nous avons pris sous notre feu deux compagnies allemandes qui ont subi de très fortes pertes.

En Champagne, nous avons réalisé de nouveaux progrès; nous avons gagné du terrain dans les bois au nord-est de Souain et au nord-ouest de Perthes. Nous avons repoussé deux contre-attaques en avant de la croupe 196, au nord-est de Mesnil, et élargi dans ce secteur nos positions. Nous avons fait des prisonniers et pris un lance-bombes.

En Argonne l'activité a été très grande depuis hier.

Dans la région de Bagatelle deux contre-attaques ennemies ont été repoussées; nous avons démoli un blockhaus; nous en avons occupé l'emplacement et nous nous y sommes maintenus.

Entre le Four-de-Paris et Bolante, l'ennemi a tenté deux nouvelles contre-attaques qui ont échoué comme les trois premières.

A Vauquois, notre infanterie a prononcé une attaque qui l'a rendue maîtresse de la partie ouest du village: nous avons fait de nombreux prisonniers.

Au bois Le Prêtre, nord-ouest de Pont-à-Mousson, les Allemands ont fait sauter à la mine quatre de nos tranchées avancées qui ont été complètement détruites. Ils y ont pris pied après l'explosion; nous avons reconquis les deux premières et la moitié de la troisième.

Entre le bois Le Prêtre et Pont-à-Mousson, au Haut-de-Rieupt, l'ennemi a prononcé une attaque qui a été repoussée.

16 MARS 1915

Nouveaux progrès en Champagne. — Une attaque allemande contre le Reichackerkopf est rejetée. — Le croiseur anglais « Améthyst » coupe dans les Dardanelles, le câble télégraphique reliant Kilid-Bar à Tchanak.

Situation des armées sur le front occidental

L'armée anglaise, après avoir repris Saint-Eloi a obligé l'ennemi a évacuer ses tranchées au sud-est de cette localité. L'avance des alliés est donc complète dans toute la région du nord et le plan du kaiser qui consistait à masser ses troupes sur l'Yser pour effectuer une attaque dans cette région a été déjoué par l'offensive anglaise au sud de Lille. Au lieu d'une marche en avant, les Allemands en ont été réduits à envoyer toutes leurs troupes disponibles sur les points menacés. En outre, une attaque dirigée par l'artillerie lourde anglaise sur les vieux forts qui sont situés à proximité de Lille a laissé supposer aux Allemands qu'ils allaient être obligés d'évacuer la ville, c'est pourquoi l'état-major général a été transporté en toute hâte en Belgique.

En résumé notre offensive simultanée sur la ligne de l'Yser et à Neuve-Chapelle a eu le double avantage d'ôter à l'ennemi toute initiative dans la direction des opérations et de lui faire éprouver des pertes sensibles.

Les combats ont été moins nombreux dans la journée du 16 mars que la veille, mais sur certains points du front ils ont été très ardents. A Notre-Dame-de-Lorette l'ennemi a essayé sans succès de nous reprendre les tranchées qu'il avait perdues.

En Argonne, les attaques sur le Four-de-Paris ont été

repoussées et au bois Le Prêtre nous avons reconquis le terrain perdu la veille.

En Champagne, nos progrès ont continué au nord-est de Souain, au nord de Perthes et au nord de Beauséjour.

La lutte est toujours très vive sur les pentes du Reichackerkopf, les Allemands ont fait preuve d'une grande ténacité en montant à l'assaut de cette hauteur. Des prodiges de bravoure ont été réalisés de part et d'autre, mais la victoire resta aux chasseurs alpins. Dans un seul assaut 800 cadavres appartenant au 15ᵉ corps allemand, général von Demburg, restèrent sur le champ de bataille.

F. B.

Nouvelles diverses publiées par les journaux

— Les Allemands ont saisi et conduit à Swinemunde le steamer suédois *Gloria* qui transportait de Stockholm à La Plata un chargement de maïs.

— On annonce d'Amsterdam qu'un prisonnier français vient d'arriver en Hollande, il s'est échappé du camp de Sennenlager. Il a dit que la nourriture donnée aux prisonniers était affreuse et répugnante.

— Les Allemands ont offert la liberté au général belge Leman à condition qu'il s'engage à ne plus prendre les armes contre l'Allemagne. Le général Leman a refusé.

— Le gouvernement grec vient d'adresser un télégramme de condoléances au général de Villaret qui a été blessé dans une tranchée d'une balle au front. Ce général était au moment de la déclaration de guerre, chef de la mission militaire française en Grèce.

— Le roi de Belgique vient de décerner des décorations à plusieurs médecins français qui dans les hôpitaux ont donné des soins aux militaires de l'armée belge.

— Le général de brigade Plessier vient d'être promu commandeur de la Légion d'honneur. Il avait été grièvement blessé le 19 août 1914 en conduisant ses troupes au combat.

En Russie. — L'offensive allemande est définitivement arrêtée sur tout le front. L'armée russe a refoulé les Allemands de 10 milles vers Plock.

La prise de Malkowice, sous Przemysl a une grande importance parce qu'elle permet aux Russes d'approcher de la forteresse. En Bukovine, les Autrichiens ont leur ligne de défense sur Tzureni et Czernovitz.

En Turquie. — Le croiseur anglais *Amethyst* bravant les torpilles s'est avancé à toute vitesse jusqu'à Nagara, franchissant ainsi le plus mauvais passage des Dardanelles.

On annonce d'Odessa que la mer Noire a été minée par les Turcs sur 60 milles à l'entrée du Bosphore. De nouvelles fortifications ont été élevées sur la rive asiatique du Bosphore à Poïras-Kalessi et sur la rive européenne.

Halil-Bey a quitté Sofia et s'est rendu à Berlin où il espère négocier un emprunt pour permettre à la Turquie de continuer les hostilités.

En Italie. — Les préparatifs militaires se poursuivent fiévreusement, la mobilisation de tous les officiers de complément vient d'être ordonnée, tous les sous-officiers des classes 1885 à 1888 viennent d'être appelés.

Une bombe a été jetée dans les locaux du consulat d'Autriche-Hongrie, à Livourne.

Documents historiques, récits et anecdotes

Un document. — Nos troupiers avaient récemment déposé en avant des lignes, en un point qu'ils savaient visité par les patrouilles allemandes, des journaux français et un pain.

Le lendemain, pain et journaux avaient disparu. Un mot

de remerciement avait été placé en évidence. En voici le texte, dont nous respectons l'orthographe.

« Kamarade français,

« Malgret la surveillance exercée par nos soldats une main hardie est venue déposée près de nos lignes un pain et un billet doux, trop aimable pour qu'on croie à vos blagues; quand au pain, il était excellent mais il faut vous dire qu'il nous a été plutôt utile que bon, car malgret mon patriotisme pour la patrie allemande, je dois vous avouer que nous sommes loin d'avoir le nécessaire et les circonstances nous obligeront ou de mourir de faim ou de nous rendre.

« Si par audasse vous prénés se billet revenez avec un pain, ou deux, ils seront les biens vus, car ici nous n'avons rien de bon. On vous remercie messieurs les Français, quoique vraiment un peu trop peu: avec l'espoir qua l'avenir vous serez plus généreux.

« *Un sous-officier de l'armée allemande.* »

LE DRAPEAU SUR L'ARBRE. — Il y a quelques semaines, les Allemands avaient, près d'Apremont (est de Saint-Mihiel), placé au sommet d'un arbre, devant nos lignes, leur drapeau national.

Un maréchal des logis et un brigadier de chasseurs à cheval résolurent de faire disparaître cet emblème.

Dans la nuit du 9 au 10, ils se glissèrent à travers le réseau de fils de fer ennemi jusqu'au pied de l'arbre, sans être entendus d'un poste allemand voisin seulement de quelques mètres.

Au moyen de pétards explosifs, ils abattirent l'arbre et revinrent sains et saufs dans nos lignes, en rapportant le fanion allemand.

Dépêches officielles

Premier Communiqué

L'armée belge a consolidé les résultats obtenus par elle dans les journées précédentes.

L'armée britannique, après avoir repris Saint-Eloi, a reconquis également les tranchées au sud-ouest du village et a obligé l'ennemi à évacuer les tranchées au sud-est, complètement bouleversées par l'artillerie.

En Champagne, nouveaux progrès au nord-est de Souain.

Au bois Le Prêtre, nous avons repris aux Allemands le reste des tranchées enlevées par eux hier matin ou plus exactement leur emplacement car les organisations défensives avaient été complètement bouleversées par les explosions de mines.

Sur les pentes sud du Grand Reichackerkopf, une attaque ennemie nous avait enlevé hier matin une tranchée nous l'avons reprise et fait des prisonniers.

Deuxième Communiqué

Dans la nuit du 15 au 16, l'ennemi a essayé de reprendre les tranchées qu'il avait perdues sur l'éperon de Notre-Dame-de-Lorette; il a été repoussé et nous avons fait des prisonniers.

En Champagne, dans la région de Perthes, nous avons ce matin fait exploser un fourneau de mine; nous avons occupé l'entonnoir, autour duquel s'est engagée une lutte très vive et que nous tenons.

Quelques progrès ont été réalisés au nord de Beauséjour.

En Argonne, au cours de la nuit du 15 au 16, les Allemands ont prononcé des contre-attaques entre le Four-de-Paris et Bolante, ainsi qu'à Vauquois; elles ont toutes été repoussées.

Trois retours offensifs de l'ennemi au bois Le Prêtre ont été facilement enrayés.

17 MARS 1915

Echec allemand à Carnoy. — Prise de la crête 196 au nord de Mesnil. — Bombardement des casernes de Colmar par un aviateur français. — Bombardement de la gare de Conflans par un aviateur français.

Situation des armées sur le front occidental

L'armée belge a progressé à nouveau dans la boucle de l'Yser, au sud de Dixmude et un duel d'artillerie a été engagé sur le front de l'armée britannique. Les opérations en Flandre paraissent reprendre une très grande activité et c'est surtout autour d'Ypres, face aux lignes allemandes de Courtrai qu'ont lieu les plus violentes attaques allemandes.

Les Allemands s'acharnent également à reprendre les tranchées que nous leur avons enlevées au nord d'Arras, sur l'éperon de Notre-Dame-de-Lorette. Hier et ce matin, ils ont prononcé trois violentes contre-attaques qui ont échoué.

La bataille continue toujours en Champagne et nous avons encore à enregistrer de nouveaux succès notamment à l'ouest de la croupe 196 qui va devenir aussi célèbre que l'éperon 132 au nord de Soissons avec cette différence que nous avons le ferme espoir de le conserver et même d'élargir nos positions. Non seulement nous nous sommes emparés de la crête 196, mais nous avons avancé au delà, sur une longueur de 500 mètres et sur une profondeur de 400 mètres. Cette position très importante a été contre-attaquée par les Allemands avec des forces relativement élevées mais l'attaque a été désastreuse pour l'ennemi qui a vu ses effectifs complètement détruits par le feu des mitrailleuses et de l'artillerie.

De rudes combats se livrent continuellement au Four-de-Paris, sur la limite des départements de la Marne et de la Meuse. C'est une importante situation stratégique, c'est ce qui explique l'acharnement avec lequel elle est disputée. Hier encore, plusieurs contre-attaques allemandes ont été repoussées. Le bois Bolante joint le Four-de-Paris où existent encore les ruines d'anciennes verreries et d'une vieille chapelle.

Au bois Le Prêtre, nord-ouest de Pont-à-Mousson, nous avons chassé les détachements allemands qui s'étaient maintenus près de nos tranchées, dans les excavations produites par une explosion de mines.   F. B.

Nouvelles diverses publiées par les journaux

— L'amirauté anglaise annonce que le vapeur anglais *Atlanta* a été torpillé le 14 mars par un sous-marin allemand, sur la côte occidentale d'Irlande, le bâtiment a réussi à rentrer à Glasgow.

— Un autre vapeur anglais le *Fingal* a été torpillé et coulé le 15 mars, sur la côte de Northumberland.

— Le vapeur anglais *Baonde* a été attaqué par un avion allemand au large du cap Foreland, le 15 mars, mais il n'a pas été atteint.

— Des aviateurs français ont, le 16 mars, jeté des bombes sur les casernes de Colmar.

— Le dépôt de charbon de Strasbourg a été incendié par les bombes d'un avion français. Il est actuellement en feu. Quatre mille tonnes de charbon ont été détruites, vingt mille tonnes sont en danger.

— Un avion allemand a survolé hier Dampierre-les-Bois. Il a jeté des bombes sur un convoi funèbre en marche, puis il a disparu.

— On annonce la mort de lord Mabourne et de John de Blaquière, fils de lord Blaquière, officiers anglais tués à la bataille de Neuve-Chapelle.

— Le gouvernement français vient de décider que les personnes se rendant d'Italie en France devront être munis d'un passeport spécial délivré par les consulats français en Italie. Cette mesure a été déterminée par les voyages clandestins que de nombreux Allemands parvenaient à faire en France par la Riviera italienne.

— Le ministre de la guerre vient de prescrire que la mise en route des soldats de la classe 1916 aurait lieu les 8, 9, 10, 11 et 12 avril prochain. Les hommes destinés aux bataillons d'infanterie légère d'Afrique seront mis en route le 2 avril.

En Russie. — L'arrière-garde de l'armée du général von Eichhorn et les troupes de von Bulow qui opèrent en Prusse orientale viennent d'être battues par les Russes. Il est évident que von Hindenburg est complètement tenu en échec en Prusse orientale.

On annonce que 500 japonais ont demandé à servir comme volontaires dans l'armée russe. Si le gouvernement russe les accepte, ils pourront entrer en campagne dans un mois.

En Turquie. — Le dragage des mines continue dans les Dardanelles sous la protection de trois navires de guerre. Un contre-torpilleur a été légèrement endommagé par les obus turcs. Un dragueur anglais a heurté une mine et a sauté.

Un torpilleur ottoman commandé par l'officier allemand von Fluck aurait quitté le détroit et serait arrivé à Smyrne.

Il n'est plus question du bombardement de Smyrne. Le 9 mars un délai de 48 heures avait été accordé à la ville pour se rendre. Depuis cette date les renseignements sérieux font défaut.

Documents historiques, récits et anecdotes

L'HÉROISME DE NOS FUSILIERS MARINS. — D'une émouvante relation que fait M. Charles Le Goffic dans la *Revue des Deux-Mondes*, de la défense de Dixmude par nos fusiliers marins, lors des fameuses journées de la bataille de l'Yser, nous détachons ces glorieux épisodes:

« L'une après l'autre nos positions craquaient. Déjà les premiers fuyards arrivaient devant Dixmude.

« — Où vas-tu? crie un officier à un marin auquel il barre le passage.

« — Capitaine, un obus a cassé mon fusil dans la tranchée, mais donnez-m'en un autre et j'y retourne.

« On lui donne le fusil d'un mort, et ce brave replonge dans la fournaise.

« Un autre, tout jeune, erre comme une âme en peine à la lisière des champs. Un officier lui demande ce qu'il cherche:

« — Ma compagnie! On a trinqué aujourd'hui! il ne doit pas en rester lourd. » Et, subitement, redressé, une flamme aux yeux: « Mais ça ne fait rien, capitaine, ils ne passe-« ront pas! »

« A trois heures de l'après-midi, la moitié de nos hommes étaient hors de combat, tués, blessés ou prisonniers, et les colonnes allemandes, par la brèche ouverte dans la défense continuaient à tomber dans Dixmude. Elles nous refoulaient vers les ponts que nous tenions toujours, que nous tiendrons jusqu'au bout. L'ennemi pourra prendre Dixmude — le petit matelot a raison — il ne passera pas l'Yser.

« Une dernière fois, pour dégager la compagnie Mauros qui se replie sous un feu terrible, les débris des sections se reforment, officiers en tête, et c'est de nouveau la charge, la mêlée tourbillonnante par les rues, le choc effroyable de deux électricités rivales.

« Ecumant, la face pourpre, un marin, qui a vu tomber son frère, jure qu'il aura la peau de vingt Boches. Il les compte à mesure que sa baïonnette plonge: « Et d'un! et de « deux! et de trois! et de quatre! » Ainsi jusqu'à vingt-deux! Quand il n'a plus de ventre boche à crever, il se retourne contre ses compagnons: il était fou! »

Dépêches officielles

Premier Communiqué

Sur l'Yser, l'armée belge a réalisé de nouveaux progrès et repoussé une contre-attaque allemande.

Sur le front de l'armée britannique, canonnade assez violente.

Au nord d'Arras, l'ennemi a tenté sans succès, à la fin de l'après-midi, une nouvelle contre-attaque sur les tranchées de l'éperon de Notre-Dame-de-Lorette.

Soissons et Reims ont été bombardés; deux obus ont atteint la cathédrale de Reims.

En Champagne, au nord de Mesnil et à l'ouest de la croupe 196, nous nous sommes emparés, sur un front d'environ cinq cents mètres, d'une crète importante tenue par l'ennemi.

En Argonne, plusieurs contre-attaques allemandes entre Bolante et le Four-de-Paris ont été repoussées.

Duel d'artillerie en Woëvre.

Un de nos aviateurs a bombardé les casernes de Colmar.

Deuxième Communiqué

Au nord d'Arras, malgré une troisième contre-attaque prononcée par l'ennemi dans la nuit du 16 au 17, nous nous sommes maintenus dans les tranchées que nous avons conquises sur les rebords de la hauteur de Notre-Dame-de-Lorette.

Dans la région d'Albert, à Carnoy, de violents combats se sont livrés autour de l'entonnoir produit le 15 mars par l'explosion d'un fourneau de mines; nous occupons cet entonnoir, dont nous avons organisé les bords.

En Champagne, nos succès se sont brillamment affirmés, et l'ennemi, malgré tous ses efforts, n'a réussi sur aucun point à reprendre même une partie du terrain conquis.

Dans la région de Perthes, nous avons continué à progresser dans les bois qui s'étendent entre Perthes et Souain.

Au nord de Perthes, nous avons conservé, malgré trois contre-attaques, les tranchées conquises sur la route de Perthes à Tahure.

Au nord de Mesnil, la position conquise hier, 16 mars, a plus d'importance encore que ne l'indiquait le communiqué précédent.

En fait, nous nous sommes emparés de la crête militaire à l'ouest de la croupe 196, sur une longueur de huit cents mètres, et du terrain au sud sur quatre cents mètres de profondeur; cette avance nous donne non seulement le haut du terrain mais surtout des vues sur le revers nord de la grande croupe qui s'étend de Perthes à Maisons-de-Champagne. L'ennemi en a bien senti l'importance, car il a tenté ce matin, pour reprendre le terrain perdu une contre-attaque des plus violentes. L'opération a été menée par un régiment de landsturm encadré par la garde. Les Allemands ont été littéralement fauchés par nos mitrailleuses; les rares survivants ont regagné leurs tranchées poursuivis par nos feux.

En somme, toutes ces tentatives infructueuses se sont traduites pour l'ennemi par des pertes considérables.

En Argonne, et dans la région de Vauquois, canonnade assez violente sans action d'infanterie. Tous les gains précédemment réalisés ont été consolidés.

Au bois Le Prêtre, quelques éléments allemands qui s'étaient maintenus près de nos tranchées dans les entonnoirs produits par l'explosion du 15 mars en ont été définitivement chassés.

18 MARS 1915

Progrès français à l'Hartmannswillerkopf. — Bombardement de Calais par un zeppelin. — Les sous-marins allemands « U-16 » et « U-5 » sont coulés.

Situation des armées sur le front occidental

Les troupes d'infanterie, appuyées de nombreuses pièces d'artillerie, que les Allemands avaient concentrées dans la direction d'Ostende et sur l'Yser paraissent dans l'impossibilité de reprendre les positions perdues et d'arrêter l'offensive des troupes alliées. L'armée belge a continué hier sa progression sur l'Yser et son artillerie a dispersé un convoi sur la route de Dixmude à Eessen.

Actuellement, les troupes allemandes se concentrent en arrière de la ligne de bataille et on apprend de Copenhague qu'un conseil de guerre va se tenir cette semaine au quartier général allemand qui se trouve dans le voisinage de Lille. Le Kaiser et son chef d'état-major sont arrivés, ils ont eu des entretiens avec les princes héritiers d'Allemagne et le roi de Bavière. Le roi de Saxe a quitté Dresde le 17 mars pour se rendre au quartier général et le roi de Wurtemberg est attendu. Des décisions de la plus haute importance seront prises à ce conseil de guerre. Nous pouvons donc nous attendre d'ici peu de jours à des événements extraordinaires. Plusieurs corps d'armée ont paraît-il quitté la Pologne pour venir renforcer les troupes du front occidental. C'est pourquoi la nouvelle offensive sur Varsovie n'a pas été exécutée.

La journée d'hier a été presque calme, on ne signale que deux opérations, l'une au bois de Consenvoye où nous

avons enlevé deux tranchées allemandes et l'autre à l'Hartmannswillerkopf, où nous avons gagné un peu de terrain.

Le gros effort se produit toujours en Champagne où nous
paraissons ne vouloir laisser aucun répit à l'ennemi. Nous
avons réalisé une avance sensible sur les pentes nord et est
de la crête 196, qui se trouve au nord-est de Ménil, et,
malgré une contre-attaque allemande nous avons gagné un
ravin qui se trouve entre la croupe 196 et Beauséjour.

F. B.

Nouvelles diverses publiées par les journaux

— Un zeppelin a survolé Calais dans la nuit du 17 au 18
mars, il a jeté plusieurs bombes sur la gare. Les dégâts sont
insignifiants mais sept cheminots réfugiés ont été tués dans
deux vagons du dépôt.

— Le 17 mars, un aviateur français a bombardé la gare
de Conflans.

— Le vapeur anglais *Leonwarden* a été coulé à coups de
canon par le sous-marin allemand *U-28* au large du bateau-
phare de Maas, dans la mer du Nord.

— Un sous-marin allemand a poursuivi les deux vapeurs
anglais *Avocet* et *Lestris*. Il a suspendu sa poursuite lorsque
les deux vapeurs sont entrés dans les eaux hollandaises.

— Le vapeur anglais *Cameronia* a été poursuivi par un
sous-marin alors qu'il se rendait de Glasgow à Liverpool.
Il a réussi à lui échapper.

— On a tout lieu de croire que le croiseur allemand
Karlsruhc a été coulé fin décembre 1914 près des côtes
d'Amérique par suite d'une explosion qui se serait produite à bord. Si ce renseignement est exact, il n'existe plus
aucun croiseur allemand dans les mers du globe.

— On annonce la mort du prince Alexandre von Batimor,
lieutenant au 8e dragons prussien, tué le 7 mars.

— Le gouvernement roumain a fait saisir des caisses
contenant des obus, que des expéditeurs allemands ten-

taient de faire passer en fraude sous de fausses étiquettes, à destination de la Turquie.

— Le gouvernement de la Colombie anglaise à offert de fournir gratuitement 500 millions de pieds de bois de charpente pour servir à la construction de maisons. Il se charge en outre de la construction de 100.000 maisons destinées aux paysans français ayant perdus leurs biens pendant la guerre.

En Russie. — L'offensive russe continue en Prusse orientale sur les deux rives de l'Orzice. Dans les Carpathes, l'armée russe a également progressé dans la direction de Stryé et Munkacz. Les combats ont recommencé dans la région de Boian et Ostriza, dans la direction de Czernowitz.

En Turquie. — L'attaque de la passe de Chanak, la plus importante des Dardanelles va commencer très prochainement. Le dragage des mines est très difficile, les bateaux avancent lentement, en raison de la force du courant et ils sont continuellement exposés au feu des batteries turques.

En Bulgarie. — On signale une concentration de troupes bulgares en Thrace. Elles ont été envoyées à Xanlhi, Suffli, Gumuldjina et Dédéagath.

Documents historiques, récits et anecdotes

UN COMBAT A CARNOY. — Le 14 mars au soir, l'ennemi fit exploser un fourneau de mine très puissamment chargé à une trentaine de mètres d'une de nos tranchées avancées, à Carnoy (sud-est d'Albert). Les terres projetées recouvrirent en partie la tranchée, que les Allemands réussirent momentanément à occuper.

Une demi-heure plus tard, ils en étaient chassés. Mais, s'installant dans l'énorme entonnoir produit par l'explosion. ils entreprirent, avec des lance-bombes et des grenades à main, un bombardement systématique de la position et, l'ayant rendue intenable, réussirent à l'occuper de nouveau.

Ce succès fut de courte durée, car notre artillerie entra aussitôt en action et, au milieu de la nuit, par une contre-attaque très vigoureusement menée, nos troupiers chassèrent définitivement les Allemands de la tranchée en leur infligeant des pertes très sérieuses.

Le lendemain, poursuivant leur avantage, ils s'emparèrent de l'entonnoir dont les défenseurs s'enfuirent sans même accepter la lutte, abandonnant des armes et des boucliers. L'entonnoir fut aussitôt relié à notre tranchée par un boyau, et ses rebords furent organisés.

La journée du 17 mars fut marquée par un nouveau retour offensif de l'ennemi. Cette contre-attaque fut repoussée; les Allemands laissèrent une centaine d'hommes sur le terrain.

Ainsi s'est résolue, par une légère progression de notre front, une entreprise qui fut pour l'ennemi vaine et coûteuse.

Le coût de la guerre. — M. Edgard Grammond, dans un mémoire adressé à la Société royale de statistique de Londres, évalue le coût de la guerre, pour la première année, à 228 milliards. Il s'agit, bien entendu, du coût direct et des pertes de toute nature. Les dépenses et dommages sont évalués, pour la Belgique, à 13 milliards; pour la Russie, à 35 milliards; pour l'Allemagne, à 69 milliards; pour la France, à 42 milliards; pour l'Angleterre à 31 milliards et demi; pour l'Autriche, à 37 milliards et demi.

Les dépenses directes des six gouvernements monteraient à 84 milliards et demi; les destructions de propriétés, à 9 milliards; la valeur capitalisée des vies humaines anéanties, à 53 milliards; le déficit des productions à 75 milliards, etc.

Dépêches officielles

Premier Communiqué

L'armée belge a continué sa progression sur l'Yser. Son artillerie a canonné un convoi ennemi sur la route de Dixmude à Eessen.

De la Lys à l'Oise, actions d'artillerie. L'ennemi a particulièrement bombardé l'éperon de Notre-Dame-de-Lorette et les villages de Carnoy et de Maricourt.

Rien de nouveau à signaler en ce qui concerne les opérations en Champagne.

En Lorraine, duel d'artillerie. Un de nos aviateurs a bombardé la gare de Conflans.

Deuxième Communiqué

Un zeppelin a jeté des bombes sur Calais. Il visait la gare, où il n'a fait aucun dégât matériel, mais il y a tué sept employés.

En Champagne, nous avons réalisé des gains sensibles à l'ouest, au nord et à l'est de la croupe 196 (nord-est de Mesnil). L'ennemi a contre-attaqué; il a été repoussé. Notre gain s'est prolongé à l'est, dans le ravin qui part de la croupe 196 dans la direction de Beauséjour.

Au bois de Consenvoye (nord de Verdun), nous avons enlevé deux tranchées allemandes et fait des prisonniers.

A l'Hartmannswillerkopf, nous avons gagné un peu de terrain par rapport à nos positions antérieures; les pertes de l'ennemi sont très élevées, ses tranchées sont pleines de morts.

19 MARS 19915

Avance française au delà de Notre-Dame-de-Lorette. — Violents combats aux Eparges. — Les Russes pénètrent à nouveau en Prusse orientale et occupent Memel. — Dans l'attaque des Dardanelles, le cuirassé français « Bouvet » et les cuirassés anglais « Irrésistible » et « Océan » sont coulés. — Un cuirassé français, le « Gaulois » et un cuirassé anglais « Inflexible » sont endommagés.

Situation des armées sur le front occidental

Le communiqué anglais donne la situation générale sur le front britannique, comme stationnaire. Les Allemands ont abandonné les tranchées qu'ils occupaient encore au sud de Saint-Eloi. Dans son ensemble, la journée a été calme sur la plus grande partie du front.

A Notre-Dame-de-Lorette l'ennemi a renoncé à nous disputer la crête et nous avons profité de son inactivité pour nous emparer des boyaux de communication qu'il avait établis de la crête, du côté d'Ablain, ces boyaux ont été détruits et les défenseurs ont été pris ou tués.

Nous avons repoussé une violente attaque ennemie contre la crête 196 au nord-est de Mesnil, le combat a été meurtrier pour l'assaillant.

Deux autres actions assez importantes se sont déroulées, l'une en Argonne, l'autre aux Eparges. La première, entre le Four-de-Paris et Bolante a été très vive. Nous avons attaqué et refoulé l'ennemi de 150 mètres environ, ce qui, dans cette région peut-être considéré comme une belle progression.

Aux Eparges, nous avons également attaqué pour reprendre les tranchées que nous avions perdues il y a quelques jours sur le saillant est de la position. Notre attaque a réussi et nous avons ensuite repoussé victorieusement trois contre-attaques de l'ennemi.

En Alsace, les actions importantes ne paraissent devoir reprendre que dans quelques jours. Nos avions surveillent les mouvements de l'ennemi et survolent continuellement la région.

Les combats d'artillerie ne ralentissent pas sur l'ensemble du front, en Belgique la canonnade est presque ininterrompue, dans la région des Dunes. Le bombardement d'Arras par les Allemands a repris depuis quelques jours avec une nouvelle intensité et hier, dans la vallée de l'Aisne le duel d'artillerie a été très vif.

F. B.

Nouvelles diverses publiées par les journaux

— Un communiqué officiel du ministère de la marine fait connaître que pendant les opérations dans les Dardanelles, au cours de la journée du 18 mars, le cuirassé français *Bouvet* a été coulé par une mine et le cuirassé français *Gaulois* a été mis momentanément hors de combat par le feu de l'ennemi. Deux cuirassés anglais ont été coulés.

— Le vapeur écossais *Glenartny* a été coulé hier près de la côte anglaise par un sous-marin allemand.

— Le vapeur *Hyndford* a également été torpillé mais il est rentré à Gravesend avec de légères avaries.

— Le vapeur *Bluc-Jacket* a été torpillé aujourd'hui au sud de Beachy-Héad. Une partie de l'équipage est restée dans des canots auprès du vapeur qui n'a pas encore coulé.

— La flotte française va être augmentée de deux super-dréadnought, la *Bretagne* et la *Provence* qui sont prêts à prendre la mer et qui vont rallier Toulon.

— Un zeppelin a survolé hier le Danemarck, il se dirigeait vers la mer du Nord et l'Angleterre.

— Des avions allemands ont survolé Nancy le 17 et le 18 mars, mais à une assez grande hauteur, ils n'ont jeté aucune bombe, ayant été chassés par notre artillerie.

— M. Collignon, ancien Préfet du Finistère, conseiller d'Etat, qui s'était engagé pour la durée de la guerre, à l'âge de 58 ans, comme simple soldat, vient d'être tué dans la région de l'Est.

— On apprend de Dunkerque que le prince héritier de Bavière qui commande une armée allemande a été grièvement blessé par un éclat d'obus.

En Russie. — Les troupes russes viennent de pénétrer à nouveau en Prusse orientale. A droite du Niémen, des combats se livrent près de Tauroghen, sur le territoire allemand. Cette information de source officielle russe est confirmée par Berlin. A la dernière heure on apprend que les troupes russes seraient entrées à Memel. Dans la direction de Prasnycz les combats, d'une importance secondaire, continuent.

Sur les autres fronts, aucune modification n'est signalée.

En Turquie. — Le bombardement des forts des Dardanelles continue, les navires coulés ou avariés ont été remplacés. Le cuirassé français *Henri IV* qui se trouvait sur la côte de Syrie est allé prendre la place du *Bouvet*. Les cuirassés anglais *Queen* et *Implacable* vont arriver incessamment.

En Roumanie. — Le gouvernement roumain vient d'acheter en Italie 300.000 fusils.

En Italie. — Les pourparlers avec l'Autriche ne paraissent pas devoir aboutir. L'Italie se prépare à intervenir.

Documents historiques, récits et anecdotes

DANS LES DARDANELLES. — Depuis dix jours on travaillait à la relève des mines dans les détroits. Hier matin, les flottes anglaise et française se livrèrent à une attaque générale des forts du goulet.

A dix heures quarante-cinq, le *Queen-Elisabeth*, l'*Inflexible*, l'*Agamemnon* et le *Lord-Nelson* bombardèrent les forts J., L., T., U. pendant que le *Triumph* et le *Prince-George* tiraient sur les batteries F., E. et H.

Les obusiers et les canons de campagne turcs ouvrirent un feu violent sur les navires.

A midi vingt-deux, une escadre française composée du *Suffren*, du *Gaulois*, du *Charlemagne* et du *Bouvet* se porta plus avant et continua le combat à une portée moindre. Les forts J., U., F. et E. répondirent violemment. Bientôt, cependant, ils furent obligés de cesser leur tir par les dix navires engagés dans le goulet et qui, tous, furent atteints pendant cette phase de l'action.

A une heure vingt-cinq, tous les forts avaient été réduits au silence.

Le *Vengeance*, l'*Irrésistible*, l'*Albion*, l'*Océan*, le *Swiftsure* et le *Majestic* s'avancèrent alors pour remplacer les six vieux cuirassés.

Comme l'escadre française, dont l'action avait été très brillante, franchissait le goulet, le *Bouvet* fut détruit par une mine dérivante et coula par trente-cinq brasses au nord d'Aren-Keni, en moins de trois minutes.

A deux heures trente-six, les cuirassés de relève renouvelèrent l'attaque des forts, qui répondirent de nouveau. L'attaque fut continuée pendant que se poursuivait aussi le travail de relève des mines.

A quatre heures neuf, l'*Irrésistible* abandonna la ligne, donnant fortement de la bande et à cinq heures cinquante il coulait. Il avait probablement été touché par une mine.

A six heures cinq, l'*Océan* fut également atteint par une mine.

Ces deux navires coulèrent en eau profonde; mais on réussit à sauver presque la totalité de leurs équipages sous un feu très violent.

Le *Gaulois* était bientôt endommagé par le feu de l'artillerie ennemie. *L'Inflexible* qui fut atteint à l'avant par un obus de gros calibre, aura aussi besoin de réparations.

Le bombardement et les opérations de dragage des mines cessèrent à la nuit tombante.

Le dommage causé aux forts par le feu de tant de puissants navires ne peut encore être évalué.

La perte des navires fut occasionnée par des mines dérivantes qui furent rencontrées dans des parages préalablement balayés par les releveurs de mines. Il y a là un danger qui exigera des précautions toutes spéciales.

Les pertes britanniques en hommes ne sont pas très lourdes, si l'on tient compte de l'étendue des dangers de ces opérations.

La perte du *Bouvet* est due à une explosion intérieure provoquée par l'explosion d'une mine.

Le *Queen* et l'*Implacable,* qu'on a fait venir d'Angleterre en prévision des pertes que pourraient causer les opérations arriveront ici incessamment, de sorte que la flotte britannique conservera sa force première.

Les opérations vont se poursuivre, les alliés ayant sur place d'amples forces navales et militaires.

A la date du 16 mars, le vice-amiral Carden, malade, a été remplacé dans le commandement en chef par le vice-amiral John Michael de Roback. (*Daily Mail.*)

Dépêches officielles
Premier Communiqué

A Notre-Dame-de-Lorette, nous nous sommes rendus maîtres des boyaux de communication qui, des tranchées de la crête prises par nous, descendaient vers le village d'Ablain; nous les avons détruites après en avoir tué, chassé ou pris les défenseurs.

En Argonne, entre Bolante et le Four-de-Paris, nous avons, après un combat très violent, progressé d'environ cent cinquante mètres.

Dans le bois de Consenvoye, nous avons, la nuit dernière, repoussé une contre-attaque allemande et maintenu nos gains du 18.

Aux Eparges, nous nous sommes emparés du saillant est de la position dans lequel l'ennemi avait réussi à se maintenir depuis les combats du mois dernier; nous avons repoussé deux contre-attaques dans la journée d'hier et une troisième au cours de la nuit.

Deuxième Communiqué

Journée assez calme sur la plus grande partie du front.

Dans la vallée de l'Aisne combat d'artillerie assez vif.

En Champagne, en avant de la cote 196, nord-est de Mesnil, l'ennemi, après avoir violemment bombardé nos positions, a prononcé une attaque d'infanterie qui a été repoussée et a subi de grosses pertes.

Communiqué officiel du ministère de la marine

Au cours des opérations dans les Dardanelles, le 18 mars, les forces navales alliées ont eu à subir un feu intense, et des bâtiments se sont heurtés à des mines flottantes dans le détroit.

Les cuirassés français et anglais ont violemment bombardé les forts de Kilid-Bahr, de Tchanak-Kalé-Si. de Souan-Déré, de Dardanos et de la pointe Kephez.

Les résultats acquis au cours de cette chaude journée ont coûté des pertes sensibles. Le *Bouvet* a été coulé à la suite de l'explosion d'une mine; le *Gaulois* est momentanément hors de combat en raison des avaries causées par le feu de l'ennemi. La flotte anglaise a également souffert: deux de ses cuirassés ont été coulés par des mines.

Ces pertes, pour pénibles qu'elles soient, n'arrêteront pas le cours des opérations. Dès la nouvelle reçue de l'accident du *Bouvet*, le ministre de la marine a télégraphié au

Henri IV, qui est sur la côte de Syrie, d'aller prendre sa place.

Les renseignements sur le sort de l'équipage du *Bouvet* ne nous sont pas encore parvenus; certaines communications permettent d'affirmer qu'une partie de cet équipage, dont l'importance n'est pas précisée, a été sauvée.

---

20 MARS 1915

Une attaque de nuit allemande à La Boisselle est repoussée. — Progrès français au bois Le Prêtre. — Deux zeppelins jettent des bombes sur Paris et la banlieue.

Situation des armées sur le front occidental

Nous continuons à progresser sur la plus grande partie du front, avec l'intention bien évidente d'occuper des positions qui, dans l'avenir, nous seront d'une utilité incontestable pour une avance plus importante; lorsque nous avons occupé ces positions nous résistons énergiquement à toutes les contre-attaques tentées par l'ennemi pour reconquérir le terrain perdu. Nous considérons donc comme un succès tout nouveau progrès de nos troupes, si peu important soit-il, parce que nous avons la conviction absolue que tous ces bonds successifs nous rapprochent lentement mais sûrement de notre objectif qui est de chasser l'ennemi hors de nos frontières.

La soirée d'hier a été relativement calme mais dans la nuit suivante et dans la matinée d'aujourd'hui quelques combats se sont livrés qui tous nous ont été avantageux.

A La Boisselle, nous avons repoussé une violente attaque de nuit. Aucune avance n'est signalée en Champagne, mais à l'ouest de Perthes nous avons résisté à une contre-attaque ennemie.

Autour des Eparges, au sud-est de Verdun, de vifs combats ont eu lieu, nous avons progressé un peu, puis nous avons refoulé toutes les contre-attaques ennemies.

Nous avons également progressé dans le bois Le Prêtre, au nord-est de Pont--à-Mousson.

En Alsace et dans les Vosges, nous conservons les positions conquises. Nos chasseurs alpins se montrent dignes de leur réputation et leur hardiesse à l'attaque n'a d'égale que leur résistance aux contre-attaques ennemies. Il est difficile de leur enlever une position conquise. Ils le prouvent chaque jour, notamment au Reichakerkopf où la lutte est tout particulièrement opiniâtre. Il nous parvient de Lorraine que les autorités allemandes ont fait évacuer par les habitants la zone des forts de Metz.

F. B.

Nouvelles diverses publiées par les journaux

— Deux zeppelins ont survolé Paris, le 20 mars, à 1 heure un quart du matin, ils ont jeté quelques bombes sur les quartiers excentriques. Les détails manquent mais il n'est signalé aucun dommage important.

— Un aviateur allemand a survolé ce matin la côte anglaise. Il se proposait d'atteindre la ville de Déal, près de Douvres mais un navire qui patrouillait tira sur l'avion qui disparut après avoir jeté quelques bombes qui toutes sont tombées à la mer.

— Un aviateur français a survolé dernièrement la gare de Blankenberghe, sur le littoral belge, il a jeté des bombes sur un bataillon de troupes allemandes qui s'embarquaient pour Westende, il y eut paraît-il 70 blessés dont 22 moururent le même jour.

— On annonce le départ de Rennes du général Bailloud b qui va commander une fraction du corps expéditionnaire d'Orient.

— Le vapeur suédois *Geheland* qui transportait en Allemagne du lard et des provisions variées, a été saisi et sa cargaison va être mise en vente.

— Le service de la sûreté vient d'arrêter au Havre deux espions allemands, l'un travaillait au port de débarquement et l'autre était employé dans un hôtel. Ils ont été mis à la disposition de l'autorité militaire.

En Russie. — Des opérations énergiques ne sont signalées qu'à l'aile droite, de la mer à Augustowo.

L'entrée des Russes à Mémel a provoqué une vive inquiétude en Allemagne.

En Bukovine on s'attend à une lutte décisive pour la possession de Czernovitz.

La place d'Ossowietz qui est bombardée depuis 20 jours par les Allemands, résiste merveilleusement. Les forts sont intacts.

La situation de Przemysl paraît désespérée, les forts ne protègent plus suffisamment la ville et les assauts de l'armée russe d'investissement sont de plus en plus fréquents.

En Turquie. — Malgré les pertes subies le 18 mars, les navires alliés ont recommencé le 20 mars, à deux heures du matin, le bombardement des forts. De son côté la flotte russe de la mer Noire s'est approchée du Bosphore. Sa présence a causé une véritable panique à Constantinople.

On annonce de Berlin que la flotte turque a bombardé Théodosia, en Crimée, le 19 mars.

Les deux vaisseaux anglais coulés le 18 mars sont l'*Irrésistible* et l'*Océan*.

Le cuirassé français *Gaulois* n'est pas aussi endommagé qu'on le craignait. Il pourra être conduit dans un port et réparé.

Documents historiques, récits et anecdotes

LE FOUR-DE-PARIS ET LA HARAZÉE. — Le Four-de-Paris est situé, comme à cheval, sur deux départements, la Marne et la Meuse, qui sont séparés, là, par le ruisseau des Meurissons, appelé les Mürissons, qui le traverse vers le milieu, de l'est à l'ouest, pour tomber aussitôt dans la rivière, dite le canal de Biesme, lui-même affluent de l'Aisne, où il se jette 6 kilomètres plus loin au nord-ouest, après avoir baigné la Harazée et Vienne-le-Château, à 2 kilomètres en aval de cette petite ville.

C'est cette étroite et profonde vallée de Biesme, défilé stratégique important à cause surtout de la route de Vienne-le-Château aux Islettes, que les Allemands s'acharnent tant à vouloir conquérir pour devenir ainsi maîtres de cette route (la seule de toute la vallée), arriver à détruire le tunnel des Islettes (ligne de Sainte-Menehould à Verdun), et isoler ainsi Verdun.

Et ce hameau ou « écart » du Four-de-Paris, réduit actuellement (par suite de la suppression de la verrerie en 1885) à deux propriétés bourgeoises, dites châteaux, et à trois ou quatre maisons de gardes et bûcherons, dépend de deux et même de trois communes, savoir: Vienne-le-Château (Marne), pour toute la partie rive droite du ruisseau des Meurissons, et la Chalade (et non Chaladre), et un peu Boureuilles (Meuse), pour celle de gauche. Le Four-de-Paris était desservi, poste et télégraphe, par le bureau de Vienne-le-Château. La route de Varennes au Four-de-Paris, par où les Allemands voudraient foncer, se trouve au-dessus, rive droite des Mürissons, et par conséquent sur Vienne-le-Château.

A ce propos, je crois devoir ajouter, dans la pensée d'être quelque peu utile, que la portion de la forêt d'Argonne appelée « bois de la Grurie » et contenant environ trois mille hectares de belles futaies et taillis, essences chêne et hêtre surtout (pas ou fort peu de sapins ni bois tendres) est tout entière située sur le territoire de Vienne-le-Château et, par conséquent, en font partie:

Saint-Hubert, pavillon de chasse (appartenant à la famille de Granrut) au cœur de la forêt, ou point culminant du plateau dominant les ruisseaux de la Mite et de la Fontaine-aux-Mortiers, entre le Four-de-Paris et la Harazée, autre « écart » de Vienne-le-Château, jadis si joli et rempli de villas, devenu une vaste nécropole maintenant;

Les dits ruisseaux de la Mite et de la Fontaine-aux-Mortiers;

Fontaine-Madame;

Fontaine-aux-Charmes;

(Ces deux ruisseaux qui se joignent en amont de la Harazée baignent ce hameau où ils se jettent dans la Biesme);

Bagatelle, simple abri de chasse, à la société des chasseurs castelviennois, au nord de la Harazée, au sommet et dominant le ravin ou gorge de la Fontaine-aux-Charmes;

L'ouvrage Marie-Thérèse, à proximité de Bagatelle; — tous ces divers points à proximité de la Harazée.

Dans tous ces endroits l'on se bat, nuit et jour, depuis plus de six mois. Jugez par là ce qu'il doit être advenu du malheureux pays dont je suis le notaire depuis vingt-cinq ans et le maire depuis sept ans.

Le bois de Bolante, dont il est souvent question aussi dans les communiqués, est sur Boureuilles (Meuse) et séparé de la Grurie par le ruisseau des Meurissons.

Le ravin ou ruisseau de Courte-Chausse est aussi dans la Meuse, partie supérieure sur Boureuilles et partie inférieure sur la Chalade. (*Petit Parisien.*)

Dépêches officielles

Premier Communiqué

Rien à signaler.

Deuxième Communiqué

A La Boisselle, nord-est d'Albert, les Allemands après un violent bombardement, ont tenté une attaque de nuit qui a été repoussée; ils ont subi des pertes sensibles.

En Champagne, dans la nuit de vendredi à samedi, l'ennemi a contre-attaqué à l'ouest de Perthes; il a été repoussé. Dans la journée de samedi aucune action d'infanterie; notre artillerie a pris sous son feu un rassemblement allemand qui a beaucoup souffert.

En Argonne, vers Bolante, bombardement assez violent sans attaque d'infanterie.

Aux Eparges, nos progrès ont continué. Après avoir repoussé deux contre-attaques, nous nous sommes emparés de la plus grande partie de la position allemande disputée depuis deux jours. A trois reprises l'ennemi a contre-attaqué sans pouvoir rien regagner; il a laissé de très nombreux morts sur le terrain et nous avons fait des prisonniers.

Au sud des Eparges, au bois Bouchot, nous avons repoussé une contre-attaque.

En Woëvre, au bois Mortmare, notre artillerie a détruit un blockhaus et fait exploser plusieurs caissons et dépôts de munitions.

Au bois Le Prêtre, nous avons réalisé quelques progrès.

---

21 MARS 1915

Violents combats au Reichackerkopf, après avoir perdu les deux sommets, nous réoccupons le Petit Reichackerkopf. — Le général Pau quitte Varsovie.

Situation des armées sur le front occidental

L'empereur d'Allemagne, lors d'une visite au 68ᵉ régiment d'infanterie a prononcé un discours, reproduit par un journal allemand. Il aurait dit: « Non seulement les yeux de l'Allemagne, mais ceux du monde entier, sont fixés sur les champs de bataille de la Champagne. La bravoure, la vaillance et l'endurance allemandes ont rendus vains, jusqu'ici, les efforts de l'ennemi; il en sera de même jusqu'au jour où interviendra une paix favorable pour l'Allemagne. »

Ces paroles sont une nouvelle preuve de l'importance de nos opérations en Champagne et si l'adversaire a la mauvaise foi de ne pas reconnaître les échecs successifs qu'il a éprouvés, il avoue quand même toutes les difficultés que lui suscite notre énergique offensive dans cette région. Le communiqué officiel nous signale pour la journée du 20 mars un nouveau et léger progrès à l'est de la crête 196, au nord-est de Mesnil.

L'ennemi s'est vengé sur la cathédrale de Soissons sur laquelle il a envoyé 27 obus.

De violentes contre-attaques ont été dirigées sur nos positions des Eparges mais elles ont toutes été refoulées.

Nous n'avons pas été aussi heureux dans les Vosges. Dans la nuit du 20 au 21 mars, de grosses forces ennemies ont réussi a rejeter nos troupes du Grand et du Petit Reichackerkopf. Nous avons contre-attaqué aussitôt, le communiqué de 23 heures nous apprend que nous avons repris le Petit et que le combat continue pour la réoccupation du Grand Reichackerkopf. Cette position d'une importance considérable est chaudement disputée depuis plusieurs jours. Nous avions jusqu'alors résisté à toutes les attaques allemandes et nous avons tout lieu de croire que l'ennemi ne se maintiendra pas longtemps sur la crête qu'il a conquise au prix de très grands sacrifices.

F. B.

Nouvelles diverses publiées par les journaux

— Des zeppelins ont survolé Paris et la banlieue dans la nuit du 19 au 20 mars, ils ont jeté plusieurs bombes qui n'ont causé que peu de dégâts. Une bombe est tombée rue

Dulot, près de la gare des Batignolles, deux autres rue des Dames. D'autres bombes ont été jetées sur Neuilly, Levallois-Perret, Courbevoie, Asnières, etc.

— Hier, 20 mars, vers 11 heures du soir, d'autres zeppelins tentant un nouveau raid sur Paris, sont passés au-dessus de Compiègne. Après avoir échoué dans leur tentative ils ont survolé Compiègne le lendemain matin, vers 2 heures, jetant plusieurs bombes sur la ville et les environs.

— Un autre zeppelin a effectué un raid vers Calais, dans la nuit du 20 au 21 mars, il a été chassé par le feu de l'artillerie avant d'avoir pu atteindre la ville.

— Un zeppelin a tenté de survoler Nancy, l'artillerie installée sur les hauteurs de Pont-à-Mousson ayant dirigé sur lui un feu nourri il a repris la direction de Metz.

— Des aviateurs alliés ont survolé la Haute-Alsace ces derniers jours, ils ont jeté des bombes à Schlestadt, Altkirch, Saint-Louis, Kemps et Neubourg, causant des dommages importants à l'ennemi.

— Un vapeur espagnol, chargé de minerai à destination de l'Allemagne a été capturé dans la Manche.

— Le vapeur américain *Maricao* chargé d'approvisionnements à destination de l'Allemagne a été capturé.

En Russie. — La situation des armées ne s'est guère modifiée, les Russes paraissent avoir la supériorité sur l'ensemble du front.

La garnison de Przemysl a effectué une sortie qui paraît lui avoir porté un coup fatal. Les Russes ont repoussé cette sortie et ont fait prisonniers 107 officiers et près de 4.000 soldats. Cette tentative désespérée de la garnison semble indiquer que la reddition de la place est prochaine.

En Turquie. — Un conseil des amiraux tenu le 19 mars a décidé d'exécuter une nouvelle attaque générale des Dardanelles aussitôt que le temps le permettrait.

Les Turcs renforcent paraît-il leurs effectifs dans les détroits, ces effectifs dépasseraient bientôt 100.000 hommes.

En Italie. — Les négociations engagées par von Bulow ne paraissent pas devoir aboutir. On ne sait rien de précis mais on constate que l'Autriche et l'Italie se préparent à la guerre. L'attaché militaire italien a quitté brusquement Vienne à la suite d'un entretien qu'il a eu avec le baron Burian. A Rome, le ministre Sonnino a des entretiens journaliers avec les ministres de Roumanie, de Serbie, de Bulgarie et de Grèce.

Dépêches officielles

Premier Communiqué

Depuis le communiqué d'hier soir, aucune modification n'est signalée dans la situation.

Deuxième Communiqué

L'ennemi a de nouveau bombardé (vingt-sept obus) la cathédrale de Soissons, qui a gravement souffert et sur laquelle, contrairement aux assertions allemandes, aucun poste ni observatoire n'a jamais été installé pas plus que n'y a été arboré le drapeau de la Croix-Rouge.

En Champagne, nous avons dans la soirée du 20, légèrement progressé à l'est de la cote 196 (nord-est de Mesnil). Dans la journée du 21, simple bombardement.

En Argonne, fusillade assez vive toute la journée sans attaque d'infanterie.

Aux Eparges, nous avons maintenu nos gains d'hier, malgré deux violentes contre-attaques qui ont été repoussées et ont subi de fortes pertes.

Dans les Vosges, après avoir perdu, dans la journée d'hier, le Grand et le Petit Reichackerkopf, nous avons repris le Petit et contre-attaqué pour reprendre le Grand; le combat continue.

Le 22ᵉ fascicule paraîtra incessamment
Réclamer les fascicules précédents

NIORT. — IMP. TH. MARTIN

TYPO-LITHO.
Gravure
TH. MARTIN
IMPRIMEUR
NIORT
(D. S.)

www.ingramcontent.com/pod-product-compliance
Lightning Source LLC
LaVergne TN
LVHW021721080426
835510LV00010B/1085